KNAUR

BARBARA WILLEN
MIT ANDREA MICUS

NATUR. EINSAMKEIT. GLÜCK.

MEIN LEBEN IN DER WILDNIS LAPPLANDS

Besuchen Sie uns im Internet:
www.knaur.de

Aus Verantwortung für die Umwelt hat sich die Verlagsgruppe Droemer Knaur zu einer nachhaltigen Buchproduktion verpflichtet. Der bewusste Umgang mit unseren Ressourcen, der Schutz unseres Klimas und der Natur gehören zu unseren obersten Unternehmenszielen. Gemeinsam mit unseren Partnern und Lieferanten setzen wir uns für eine klimaneutrale Buchproduktion ein, die den Erwerb von Klimazertifikaten zur Kompensation des CO_2-Ausstoßes einschließt. Weitere Informationen finden Sie unter: www.klimaneutralerverlag.de

Originalausgabe Dezember 2021
Knaur Taschenbuch
Ein Imprint der Verlagsgruppe
Droemer Knaur GmbH & Co. KG, München
Alle Rechte vorbehalten. Das Werk darf – auch teilweise –
nur mit Genehmigung des Verlags wiedergegeben werden.
Redaktion: Ulrike Gallwitz
Covergestaltung: ZERO Werbeagentur, München
Coverabbildung: Collage unter Verwendung
von Motiven von shutterstock.com
Satz: Adobe InDesign im Verlag
Druck und Bindung: CPI books GmbH, Leck
ISBN 978-3-426-79129-5

2 4 5 3 1

»Nur im Alleinsein können wir uns selber finden. Alleinsein ist nicht Einsamkeit; sie ist das größte Abenteuer!«

Hermann Hesse

Es ist Mitternacht, und die Sonne strahlt immer noch einladend auf die menschenleere Landschaft herab. Die Oberfläche des Sees ist plan wie eine Glasscheibe. Nicht die kleinste Welle kräuselt sich. Tiefgrüne Bäume spiegeln sich darauf und die schneebedeckten Hügel.

Ich sitze auf meinem hölzernen Bootssteg, tauche genüsslich meine Füße abwechselnd in das klare Wasser und sehe gelassen zu, wie das Nass von meiner Haut abperlt. In der Ferne erkenne ich zwei Reiher, und vielleicht entdecke ich irgendwo am Ufer ein Rentier.

Ich atme die saubere Luft ein, schließe die Augen und lasse mich in das kühle Wasser gleiten. Dann schwimme ich weit hinaus. Ich habe keine Furcht, weil ja weit und breit nichts und niemand ist. Ich schwimme mutterseelenallein in dieser unberührten Natur. Das ganze Panorama hat etwas Unwirkliches, wirkt wie eine perfekt bearbeitete gigantische Fototapete. Aber das hier ist alles echt, und es gibt keine Umweltverschmutzung, man hört keine Autos, keinen Discolärm, kein Stimmengewirr. Nichts. Nur das Plopp, wenn ein Fisch auftaucht, oder in Ufernähe das Knarren der Äste, wenn ein Eichhörnchen übermütig herumhüpft. Ansonsten ist hier nichts, nur Ruhe, diese fantastische Stille, und es gibt mich, als Teil dieser spektakulären und unberührten Natur.

Ich lebe inmitten dieser Postkartenpracht, die übrigens nicht an der nächsten Ecke zu Ende ist oder am gegenüberliegenden Ufer. Nein, diese wunderschöne Natur breitet sich viele Hundert Kilometer um mich herum aus. Ich kann in jede Richtung wandern, und diese Idylle ist immer spektakulär, einmalig, und ich habe sie nahezu für mich allein. Denn hier, in Lappland, kann man tagelang wandern, ohne dass einem jemand begegnet. Vielleicht taucht ein Elch auf, der sich imposant aus dem Gebüsch reckt. Oder man entdeckt ein Rentier, das sich an den frischen Gräsern erfreut. Man kann dem Gesang der Singschwäne lauschen und balzende Seeadler beobachten. Ansonsten ist man für sich, kann die saubere, klare Luft einatmen, die herrlichen Farben sehen, Moose und Gräser fühlen, frische Tannentriebe riechen, leckere Moltebeeren naschen und mit allen Sinnen genießen, was diese herrliche Natur uns schenkt. Denn es stört nichts. Man ist bei sich, kann sich mit dem sättigen, was in einem steckt, das genießen, was man hat, an sich wachsen und von sich lernen, was man schon immer lernen wollte. In dieser Einsamkeit hier oben am Polarkreis gewinnt man Erkenntnisse, die einen sicher durch das Leben tragen. Ich kann nicht in Worte fassen, wie schön es ist, hier zu leben. Ich habe meinen Platz gefunden, auch wenn es etwas länger gedauert hat ...

KAPITEL 1

»Hörst du, was ich höre?« Meine kleine Schwester Käthi stupst mich an die Schulter. Widerwillig zurre ich die Kapuze meines Schlafsacks auf und schiebe vorsichtig meinen Kopf heraus. »Was meinst du?«, murmele ich und sehe sie irritiert an.

Käthi verdreht die Augen. »Na, hör doch mal!« Sie deutet mit dem Zeigefinger unter das Zeltdach. »Es regnet, und das nicht zu knapp!«

In dem Moment verstehe ich, was sie meint: Der Regen tröpfelt nicht, er prasselt auf unser kleines Zweipersonenzelt. Wir haben in den Berner Alpen übernachtet, auf knapp 3000 Metern Höhe, mit Blick auf den Wildstrubel. Die Temperaturen sind mit zwölf Grad mehr als okay, aber Regen ist das, was ich jetzt am wenigsten mag.

»Nicht schon wieder!«, maule ich vor mich hin. »Es hat doch schon gestern stundenlang gegossen, und wir waren pitschnass, als wir das Zelt aufgebaut haben. Ich habe keine Lust, noch mal so aufgeweicht zu werden.« Allein der Gedanke an die klammen Socken heute Nacht reicht mir schon. Laut Wettervorhersage sollte doch jetzt eigentlich die Sonne scheinen.

Käthi kuschelt sich noch tiefer in ihren Schlafsack, grinst mich aber schelmisch an. »Meiner großen Schwester macht doch Regen angeblich nichts aus, zumindest sagt sie das immer.«

»Papperlapapp. Heute hat die große Schwester jedenfalls keine Lust darauf, nass zu werden. Wie spät ist es denn?«

»Halb sieben. Ich wette, dass Vati gleich zum Frühstück ruft. Das bisschen Regen bringt ihn doch nicht aus der Planung.«

»Bisschen ist gut«, antworte ich und lasse mich wie Käthi ebenfalls wieder in die warme Hülle meines Schlafsackes zurückfallen. »Ich möchte gar nicht aufstehen.«

»Das sagst du aber Vati. Ich glaube nicht, dass wir wegen des kleinen Schauers unsere Tour abbrechen.«

»Kleiner Schauer?«

»Na gut, du hast recht, es regnet seit Stunden. Komisch, die Wettervorhersage hat für heute doch nur Sonnenschein und ein paar Quellwolken vorausgesagt. Von Regen war da weit und breit nichts zu sehen.«

»Wie sagt Vati immer so schön: ›Die Natur lässt sich nicht voraussagen.‹ Am besten wir kuscheln uns noch mal ein, bevor wir in einer halben Stunde heraus aus dem Sack müssen. Ich freue mich jedenfalls auf das Frühstück. Vati zaubert uns bestimmt etwas Leckeres.«

»Im Regen?«

»Er findet doch immer ein trockenes Eckchen, damit es uns an nichts fehlt. Weißt du noch, als wir auf einer der letzten Touren in einer Höhle gegessen haben? Das war doch aufregend.«

»Ja stimmt! Und einmal stand nur das Kochzeug in der Felsspalte und wir mit unseren dicken Regenjacken davor. Das war zwar unbequem, aber die Suppe, die Mutti in der Nische gezaubert hat, hat trotzdem klasse geschmeckt.«

»Genau, dann zeigen wir nachher mal wieder, dass wir

›nicht aus Zucker sind‹, wie Vati immer sagt, und bis dahin lass uns noch ein bisschen träumen.«

Es ist Sonntag, und seit Freitag sind wir in den Bergen unterwegs. Wir, das ist unsere kleine Wanderfamilie, mein Vater Fritz, meine Mutter Meta und meine drei Jahre jüngere Schwester Katharina, die wir alle nur Käthi nennen. Solange ich denken kann, sind wir nahezu jedes Wochenende unterwegs. Ich erinnere mich sogar noch daran, dass mich mein Vater in der Kraxe über die steilsten Bergwege getragen hat, und natürlich hatten unsere ersten Schuhe gleich ein Wanderprofil.

Vati ist ausgebildeter Bergführer und hat uns von klein auf mit dem Gebirge, seinen Tücken und Gefahren und seiner grandiosen Schönheit vertraut gemacht. Was wir wandern und ersteigen, geht deutlich über das normale Maß hinaus. Mit drei Jahren habe ich schon drei Stunden und 700 Höhenmeter geschafft, da war Käthi noch bei Vati im Tragesitz. Mit sieben Jahren konnte ich bereits auf das Albristhorn und den Gsür klettern, und mit zwölf Jahren durfte ich stolz auf dem Wildhorn posieren.

Wenn ich zurückblicke, stammen die meisten meiner Erinnerungen aus den Bergen, und ganz ehrlich: Das hat mich geprägt. Schon seit ich zehn Jahre alt bin, helfe ich meinem Vater bei der Tourenplanung, mache auch viele eigene Vorschläge. Vati freut sich riesig darüber, und so spornen wir uns gegenseitig an, immer mehr zu wagen.

Während meine Mutter zu dieser Zeit auf Käthi Rücksicht nimmt und zurückhaltender sein muss, wagen wir uns zu zweit häufig ganz hoch hinaus, meistern auch heikle Situationen, und ich lerne viel darüber, welche Gefahren es in den Alpen gibt und wie man mit ihnen umgeht.

Gefährlich ist zum Beispiel ein plötzlicher Wetterumschwung. Wenn Nebel aufzieht und die klare Sicht fehlt, ist es brisant. Dann gelten Vatis Notfallregeln: Sofort weg von exponierten Stellen, runter vom Grat und idealerweise in einen schützenden Wald. Und ganz wichtig: Nicht in die Dunkelheit kommen!

Wenn man es nicht schafft, wieder einen sicheren Blick zu haben, muss man ein Lager aufschlagen. Vati hat uns gezeigt, wie man ein Biwak baut, um sogar bei Minusgraden unbeschadet durch die Nacht zu kommen. Oder wie man bei Plusgraden sicher unter einem Felsvorsprung übernachten kann. Mit ihm haben wir erlebt, wie unberechenbar Steinschläge sind, und gelernt, woran man ein sicheres Gelände erkennt.

Es ist keine Frage, diese Touren sind mein Leben. Morgens den Rucksack aufschnallen und losgehen, einfach nur in der Natur einen Fuß vor den anderen setzen, bis sich ein ganz bestimmter Rhythmus einstellt, man einfach nur läuft, läuft, läuft. Das mag ich. Ich liebe es, wenn mein Vater irgendwo abseits in den Bergen eine Gämse entdeckt und wir uns hinsetzen und das Tier beobachten. Ich mag es, wenn wir einen Enzian sehen und uns an seiner Farbe erfreuen. Es ist herrlich, wenn der Adler am Himmel kreist und im Winter ein Schneehase vorbeihoppelt. All das ist wunderbar und macht mich glücklich. Und wenn ich irgendwann in luftiger Höhe auf einem Felsvorsprung stehe, die frische reine Luft einatme und auf ein Tal hinabsehe, dann umarme ich die Welt voll innerer Zufriedenheit, Dankbarkeit, Glück. Und das obwohl schon der ganze Weg mein Glück war. Es ist ergreifend, wenn man die Postkartenmotive aus den Schweizer Alpen Woche für Woche selber sieht. Graues Steinmassiv mit schneebedeckten Spitzen vor einem tiefblauen Himmel, dazu sattgrüne Wiesen, in die hineingestreut Orchideen und Glockenblumen blühen. Man kann sich nicht daran sattsehen. Niemand kann das.

Obwohl es natürlich nicht immer nur eitel Sonnenschein und Wanderromantik gibt, sondern es in den Bergen auch recht beschwerlich werden kann. Es ist nicht lustig, im Winter bei tiefen Minusgraden und starkem Schneefall mit Tourenskiern durch den Tiefschnee steile Berge hochzusteigen, weil Vati noch schnell einen Umweg vorgeschlagen hat. Es ist auch nicht lustig, in einer der Alpenklubhütten in den Sicherheitsräumen zu campen, weil alles andere nicht geöffnet ist. Es ist furchtbar stickig darin, und ich bin jedes Mal sicher, diesen abgestandenen Geruch mein Leben lang nicht mehr zu vergessen. Und die morgendlichen Tütensuppen, die uns Mutti auf dem Gaskocher bereitet, sind auch nicht gerade das kulinarisch ausgefeilte Erlebnis, wenn man schon eine Woche unterwegs ist und immer dasselbe essen muss. Ich spreche jetzt gar nicht von den zahllosen Blasen an den Füßen und den schwarz geränderten Zehennägeln, die selbst die besten Bergschuhe nicht vermeiden können.

Genauso wenig vergnüglich ist es, wenn man, wie wir gestern, nach einer mehrstündigen Wanderung pitschnass in sein Zelt krabbelt und die Zehen und Finger so klamm sind, dass man sie nicht mehr spürt. Man liegt zusammengekauert im Schlafsack, alles ist feucht, und man weiß, dass einem die ganze Nacht nicht mehr richtig warm werden wird. Da macht sich auch Unzufriedenheit und manchmal auch purer Groll breit. »Denke an etwas Schönes«, rät uns mein Vater immer, aber das geht nicht. Mein Kopf macht in solchen Momenten, was er will. Ich denke alles Mögliche: Warum habe ich keine Ersatzsocken dabei? Was kann ich noch zweckentfremden, um die Füße zu wärmen? Wie um Himmels willen bekomme ich die Kälte aus den Knochen? Aber eines denke ich nie: Wäre ich bloß nicht hierhergekommen. Es ist wirklich wahr, aber ich habe noch nie bereut, überhaupt gewandert zu sein. Da kann ich leise vor mich hin fluchen, aber nie stelle ich das Glück, in den Bergen zu sein, infrage.

Zumal mein Vater auch recht rigoros ist. Als wir zur Vorbereitung auf die Konfirmation regelmäßig zum Gottesdienst mussten, hat sich Vati ganz locker darüber hinweggesetzt. »In den Bergen bist du Gott näher als in der Kirche«, hat er gemeint und »Los geht's« gerufen. Wir haben dann alle unsere Rucksäcke gepackt und sind losgestiefelt. Der Gottesdienst fand ohne uns statt, und ich und drei Jahre später auch Käthi haben jeweils mächtig Ärger bekommen. Bei mir blieb es aber nicht nur bei einer strengen Ansprache, ich musste meine Abwesenheit sogar mit sozialen Strafstunden in einem Gehörlosenheim abarbeiten.

Mein Vater hat sich darum jedoch nicht geschert. Die Natur ist für ihn das höchste Gut und der Aufenthalt darin das größte Glück, und niemand soll versuchen, ihn und seine Lieben davon abzuhalten. Für Vati ist die Natur gottgegeben und nur eine Leihgabe an uns Menschen. Deshalb geht er äußerst achtsam mit allem um, was er dort vorfindet. Er ist Vegetarier und liebt Tiere über alles. Er tötet keinen Käfer und keine Mücke und trägt beim Wandern jeden Wurm vom Weg an die Seite, damit ihm nichts passiert. Unsere Katze Tüppi hat bei uns das Paradies. Mutti teilt seine Ansichten, ist aber nicht in allen Dingen so konsequent wie er, was man daran erkennt, dass sie schon mal ein Würstchen isst.

Übrigens ist mein Vater auch Hobby-Ornithologe und strahlt über das ganze Gesicht, wenn er einen Vogel in Ruhe beobachten kann. Dazu kommt sein ungeheures Pflanzenwissen. Ich behaupte, es gibt kein Kraut, zu dem er uns nicht schon sein Wissen mitgeteilt hat. Er weiß, was wann wo wächst, wie man es nutzt und auch gegen welche Krankheiten und Zipperlein die Pflanze zum Einsatz kommen kann. Wenn wir uns mal den Fuß verstauchen oder an den Steinen eine Wunde ratschen, kommt Vati sofort mit seinem Kräuterapothekenwissen, lindert Schmerzen, heilt Wunden. Die Natur mit allem, was darin wächst und sich bewegt, ist sein Leben, und nichts kann ihm das streitig machen.

Aber auch jenseits der Berge spielt die Natur bei uns eine große Rolle. Wir wohnen in einem wunderschönen Haus in Uetendorf, einem idyllischen Ort in der Nähe von Thun, und haben einen herrlichen Garten, in dem leckerstes Obst und Gemüse wächst.

So oft es geht, verbringen wir hier unsere Zeit unter freiem Himmel. »Wir leben aus dem Garten«, wie Mutti immer sagt – heißt auch, wir arbeiten dort. Nach der Schule sind wir immer im Einsatz, denn mehr als die Hälfte unserer Nahrung ernten wir selber. Und ernten heißt nicht schneiden oder pflücken und gut ist. Nein, was wir aus dem Garten gewinnen, wird unter Muttis fachmännischer Leitung weiterverarbeitet. Wir entkernen Kirschen, zerteilen Kürbisse, putzen Beeren, trocknen Stangenbohnen. Wir frieren und kochen ein, und in unserem Keller züchten wir Endiviensalat.

Was dazu führt, dass wir uns schon als Kinder gut auskennen. Wenn wir etwas essen, wissen wir, wie man es pflanzt, pflegt und erntet. Wir sind richtige kleine Experten und lernen von unseren Eltern jeden Tag neue Kniffe und Tricks.

Ich glaube, meine Eltern wären am liebsten komplette Selbstversorger. »Wir lassen uns nicht von irgendwelchen Firmen vorschreiben, wie wir leben sollen«, sagt mein Vater immer, und bei uns gilt die Devise: »Man kauft nur, was man wirklich braucht.« Meine Mutter bessert Kleidung lieber aus, als sie wegzugeben. Mein Vater repariert alles so lange, bis wirklich nichts mehr zu retten ist. Das gilt für den Spaten im Garten genauso wie für den Rucksack oder das Bett. Ob etwas modern ist oder nicht, schick oder unansehnlich, spielt überhaupt keine Rolle. Hauptsache, es erfüllt noch seinen Zweck.

Aber die Liebe zum konsumarmen und unabhängigen Leben kollidiert mit seinem Job. Denn mein Vater verbringt viel Zeit in seinem Büro. Solange ich denken kann, arbeitet er bei der Post und hat sich so in den neuen IT-Bereich hineingefuchst, dass er jetzt dort als Experte beschäftigt ist und das ganze System einrichtet und auf dem Laufenden hält. Deshalb ist er zeitlich eingespannt, und alles rund um Haus und Garten erledigt unsere Mutter. Sie hat früher bei einem Touristikunternehmen gearbeitet, ist aber, seitdem wir Mädchen auf der Welt sind, Hausfrau. Doch auch ihre Zeit reicht einfach nicht aus, um komplett frei zu leben, und so müssen wir wohl oder übel auch Lebensmittel dazukaufen, die in der Eigenherstellung zu viel Aufwand bedeuten würden. Aber meine Eltern machen keinen Hehl daraus, dass sie nur widerwillig in den Supermarkt gehen. Wir sind entsprechend wenig in Geschäften unterwegs. Unser Leben spielt sich im Garten oder in den Bergen ab, aber auf jeden Fall draußen, in der Natur.

Doch diese tiefe Naturverbundenheit und das freie Leben hoch in den Bergen hat uns auch etwas speziell gemacht. Wir sind anders, und je älter ich werde, desto mehr fällt mir das auf. Meine Eltern sind eigenwillig, aber wir Mädchen auch. Das meiste, was die anderen Jugendlichen in meinem Alter »super« und »stark« finden, kenne ich nicht einmal und möchte es auch nicht kennenlernen. Make-up habe ich noch nie benutzt, und es ist mir insgesamt unverständlich, wieso andere die saubere Haut damit verkleistern. Mit Frisuren- und Modetrends kann ich nur wenig anfangen, und Stars als Vorbilder interessieren mich auch nicht. Gut, ich sehe schon, was schick und schön ist, habe aber keine Lust, Zeit dafür zu verschwenden. Ich bin lieber »das Naturkind« und sehe nicht nur anders aus als die anderen, sondern lebe auch anders, was besonders dadurch auffällt, dass ich gern und viel allein bin.

»Findest du schlecht Anschluss?«, hat mich einmal eine Bekannte meiner Eltern gefragt, und ich habe mit der Antwort gezögert, weil ich die Frage nicht verstanden habe. Ich musste überlegen, was sie damit meint. Dass ich keine Freundinnen habe, weil sie nicht mit mir zusammen sein wollen? Dass ich einsam im Sinne von ausgegrenzt und isoliert bin? Dass niemand etwas mit mir zu tun haben will?

Dreimal »nein«! Ich gehe gern zur Schule, habe tolle Freundinnen und verstehe mich mit allen prächtig. Ich brauche nur nicht immer Menschen um mich, sondern komme auch gut mit mir allein aus. Das intensive Miteinander in der Schule ist für mich schon mehr als ausreichend. Ich muss nicht nachmittags noch mit den Kindern im Garten toben oder mit Freundinnen in meinem Zimmer sitzen und Gespräche über Schule und Jungs führen. Ich genieße es, Zeit für mich zu haben und das zu tun, was mir gerade in den Sinn kommt.

Im Sommer bemale ich zum Beispiel auf der Straße Pflastersteine und freue mich daran, wenn der Regen die Farben wegspült. Im Winter baue ich mir mit Schnee die schönsten Figuren und genieße es sehr, sie hübsch mit Ästen und Tannenzapfen zu dekorieren. Ich spiele aber auch stundenlang in meinem Zimmer. Dort habe ich ein kleines Zelt, das ich verschließen kann. Damit habe ich mein Reich und zeige auch äußerlich, dass ich für mich sein will und keine Störung möchte. Ich setze mich gern hinein, ziehe den Reißverschluss zu und lese – am liebsten Bücher über Natur, Pflanzen und Tiere, aber auch über Wetterphänomene oder geologische Besonderheiten. Mich interessiert, wie die Welt aussieht, in der wir leben, und ich träume davon, sie mir einmal ansehen zu können. Meine Familie respektiert meine Art, und mein Umfeld auch. Ich glaube sogar, dass man mich dafür besonders schätzt. Denn bei meinen Mitschülern bin ich so beliebt, dass sie mich sogar zur Klassensprecherin wählen, ein Riesenkompliment.

»Du bist stark und weißt, was du willst«, hat mir unsere Lehrerin daraufhin gesagt. »Du springst nicht auf jeden Trend auf, sondern ruhst in dir. Das macht dich zum Fels in der Brandung des Lebens.«

Ich weiß nicht, ob das so ist. Aber ich bin mächtig stolz, dass ich so eingeschätzt und offenbar dafür auch gemocht werde.

Ich glaube, man kommt auch deshalb mit mir gut zurecht, weil ich mich aus vielen für mich unwichtigen Diskussionen heraushalte und mich stattdessen auf das konzentriere, was mir wichtig ist. Nur wenn jemand meine

Meinung hören möchte, sage ich sie ihm. Ansonsten äußere ich mich nicht. Dadurch lenke ich meine Energien auf das, was für mich zählt: Schule, Bücher und die geliebten Bergtouren.

Ich kenne es, an Grenzen zu kommen, und ich liebe das Gefühl, sie zu überschreiten und sich und den Berg zu bezwingen. Dieser Sieg, dort hoch oben zu stehen und die Herausforderung angenommen und bewältigt zu haben, löst wunderbare Gefühle aus. Es ist toll, sich etwas beweisen zu können.

Aber ich möchte immer mehr, für meinen Vater häufig zu viel. »Du bist eine nicht zu bremsende Abenteurerin«, sagt er gern, mit nicht immer lockerem Unterton. Wenn er mich bremsen will, soll ich mich fügen. Aber ich bin kein kleines Kind mehr, das sich schnell stoppen lässt. Ich beginne zu argumentieren, zu diskutieren, mich zu messen, was meinem Vater schnell zu viel wird. Vermutlich hat er manchmal einfach Angst um mich.

Ich möchte eben immer mehr erfahren und am liebsten noch schneller, als es mir Vati vermitteln kann. Deshalb gehe ich in Sportlager, besuche Kletterkurse, mache Bergsteigerlehrgänge. Ich will mich trainieren und dabei immer neue Grenzen überschreiten. Denn wenn man oben auf dem Gipfel steht, hat man das Gefühl, dass man alles schaffen kann. Man fühlt sich stark und sicher und denkt: Nichts ist für mich unmöglich.

Aber es geht nicht nur um die Momente, das große Ganze heißt Glück und Zufriedenheit, und genau das haben meine Eltern für uns im Sinn, wofür ich ihnen schon mit 15 Jahren dankbar bin.

»Hey Mädels, was ist los, ihr beiden, aufwachen!« Vati klopft sanft auf die Zeltspitze. »Alles gut?«

»Ja, klar«, antworte ich schnell und ziehe sofort den Reißverschluss auf.

»In fünf Minuten sind wir da.«

Und wir beide sind Glückskinder. Denn kaum haben wir uns aus unseren Schlafsäcken geschält und das Zelt aufgezurrt, treffen uns schon die ersten vorsichtigen Sonnenstrahlen. Der Boden ist zwar noch nass, aber wenn von oben kein Wasser kommt, ist zumindest das schöne Frühstück gerettet, und wir können unkompliziert schlemmen.

Und dann sitzen Mutti, Vati, Käthi und ich um eine kleine Feuerstelle herum, trinken aus unseren Bechern einen warmen Beerentee, knabbern an selbst gebackenem Brot und genießen Vatis wohlschmeckenden Porridge, den er auf unserem winzigen Gaskocher gezaubert hat. Es ist übrigens seine Bergspezialität, und sie schmeckt besonders pfiffig, wenn er noch frisch gepflückte Beeren dazugibt.

Und während wir in der herrlich unberührten Natur in unseren Tag starten, lassen wir uns Zeit und reden. Bei uns Mädels geht es in erster Linie um die Schule. Um gute Noten, nervige Lehrer und natürlich auch den einen oder anderen Jungen. Wir haben ein liebevolles, offenes Verhältnis zu unseren Eltern. Ich glaube, es gibt keine Geheimnisse, sie wissen alles und können damit umgehen. Obwohl wir bei Weitem nicht machen können, was wir wollen. Mutti und Vati sind liebevoll und zugewandt, aber sie stellen auch Forderungen und möchten, dass der Alltag funktioniert. Sie legen Wert auf Disziplin. »Was gesagt ist, wird gemacht«, »Was erledigt werden muss, duldet keinen Aufschub« oder »Der frühe Vogel fängt den Wurm« – alles Sprüche meiner Eltern, an denen wir uns orientieren und die uns den Rahmen geben, in Liebe und Geborgenheit aufzuwachsen.

Meine Mutter nimmt sich viel Zeit, die Schulaufgaben mit uns zu machen, und sie hat immer ein offenes Ohr für uns und sehr, sehr viel Verständnis. Wenn es Ärger gibt in der Schule, ist sie sofort da und richtet alles. Sie ist immer an unserer Seite, und ihre Liebe gibt uns die Kraft, ins Leben zu wachsen. Sie achtet darauf, dass es uns gut geht, und wenn wir bei einer Tour müde und ausgebrannt sind, scheint sie wie aus dem Nichts einen Schokoriegel herbeizuzaubern.

Vati hat auch immer ein offenes Ohr, ist aber mehr für das Organisatorische zuständig. Er regelt die Finanzen, gibt uns Tipps, unser Taschengeld zu verwalten, und erzählt uns, welche Stolpersteine auf dem Weg ins Leben auf uns warten.

Wir haben wunderbare Eltern.

***

Geschafft! Ich habe meinen Schulabschluss in der Tasche! Allerdings ist der Jubel nur kurz, denn ich bin mir, wie wohl die meisten in meinem Alter, nicht sicher, was ich damit machen soll. Es würde mich reizen, als Bergführerin zu arbeiten, aber ich bin 17 Jahre alt, und meine Eltern raten mir zu etwas »Sicherem«. Also bleibe ich bei einem gängigeren Berufsbild und überlege, Kauffrau zu werden.

»Gute Wahl! Es schadet nie, wenn man mit Zahlen umgehen kann«, bestätigt mich mein Vater, als ich ihm von meiner Idee erzähle. Meine Mutter spricht mir ebenfalls zu. Sie hält eine kaufmännische Ausbildung für eine gute Grundlage, um ein erfolgreiches Leben darauf aufzubauen.

Ich habe Glück, werde bei Coop, einem bekannten

Großhandelsunternehmen, genommen und fühle mich vom ersten Moment an wohl in der Firma.

Aber insgesamt ändert sich wenig. Ich gehe in der Woche morgens statt in die Schule in die Firma, an den Wochenenden nach wie vor weiter in die Berge. Im Winter fahre ich Ski, im Sommer wandere und klettere ich. Ich wohne auch weiterhin in meinem Kinderzimmer, lege das Geld, das ich verdiene, auf die hohe Kante und kaufe mir höchstens Outdoorsachen und Trekkingschuhe.

Das einzig Neue in meinem Leben wird irgendwann Marcel. Er ist ein gleichaltriger Kollege, arbeitet auch als Kaufmann bei Coop und wandert genau wie ich für sein Leben gern. Zudem ist er groß, muskulös und sieht mit seinen halblangen dunkelblonden Haaren immer ein bisschen wie ein Abenteurer aus. Es passt also alles.

Statt mit der Familie streife ich jetzt mit Marcel durch die Natur. Nicht unbedingt zur Begeisterung meiner Eltern, denn leider gefällt er ihnen nicht annähernd so gut wie mir.

Und noch etwas ist neu: Ich habe plötzlich Lust, über den Tellerrand zu schauen und die Welt, von der ich schon so viel gelesen habe, hautnah zu erleben. Mit den Eltern war ich schon mehrmals in Skandinavien, aber auch in Italien und auf Korsika, natürlich immer zum Wandern mit Übernachtungen auf Campingplätzen oder in der Natur. Aber das war alles Europa. Die Welt ist größer.

Meine Freunde surfen an Stränden in Asien, trampen auf amerikanischen Highways oder cruisen durch Australien.

Sie machen mich mutig, und mit Marcel habe ich den passenden Mitstreiter. Ausgerechnet auf dem Wildhorn wird die Idee geboren, für ein Jahr zusammen nach Australien zu gehen. Eine Zeit lang lege ich dafür meinen Verdienst auf die hohe Kante, dann lasse ich mich beurlauben.

»Ein Jahr ist mutig, andere fahren für vier Wochen«, sagt Käthi, und ich kann nicht mal erklären, warum wir gleich ein Jahr verschwinden wollen. Ich weiß aber, warum wir uns für Australien entschieden haben: Wir wollen zwar ganz neue Eindrücke, aber sie sollen in der Natur sein. Wir wollen Weite, Einsamkeit und Abenteuer.

In Australien angekommen, fahren wir mit einem Leihwagen quer über den Kontinent, schlafen meistens im Zelt unter freiem Himmel und wandern Rundtouren. Ich bin aber wieder besonders ehrgeizig, will mir beweisen, dass ich nicht nur erfolgreich die Alpen bezwinge, sondern auch ausgiebige Wanderungen durch die zentralaustralische Wüste meistere. Ich ergötze mich an der Schönheit der tropischen Fische und Korallen in Cairns am Outer Great Barrier Reef und mache gleich eine Taucherlizenz. In der Nähe von Coober Pedy steige ich in eine Opalmine, um das Unter-Tage-Feeling zu erleben. Ich will wie immer nichts auslassen, und wenn eine Herausforderung gemeistert ist, denke ich bereits an die nächste.

Marcel und ich verstehen uns prima. Für uns beide ist es die erste Fernreise. Wir sind allein auf einem fremden Kontinent. Das schweißt zusammen. Dazu verbinden uns die tollen Erlebnisse, die Herausforderungen, das »Rund-um-die-Uhr«-Zusammensein.

Aber zurück in der gewohnten Umgebung hält die Liebe dem Alltag nicht stand. Schon wenige Monate nach unserer Rückkehr gehen wir getrennte Wege. Sehr zur

Freude meiner Familie, die sich alle drei nie mit Marcel anfreunden konnten.

Der internationale Wind hat mir gutgetan. Ich spreche jetzt nicht nur gutes Englisch, sondern bin auch offener und aufgeschlossener geworden, fürchte allerdings auf der anderen Seite die Enge. Die riesige Entfernung zwischen den Kontinenten zu erleben hat mir einen Eindruck von der Größe der Erde gegeben und auch davon, dass man es woanders auch gut aushalten kann. Distanz schafft Klarheit, bei mir trifft das zu. Jenseits der Schweizer Grenzen ist es auch schön, und auf der anderen Seite der Erde gibt es viele verschiedene Blickwinkel auf jedes Thema. Das ist neu, das ist spannend, das macht mich frei und neugierig und mutig, mich noch weiter umzusehen. Aber wohin es als Nächstes gehen soll, das weiß ich erst mal nicht. Ich weiß aber, wohin es nicht mehr gehen soll: zu Coop! Das ist vorbei. Zurück ist Rückschritt. Ich will nach vorn.

Als ich in der Zeitung von einem Rezeptionsjob in einem großen Hotel in Thun lese, bin ich begeistert. Ich bewerbe mich sofort, habe Glück und bekomme die Stelle. Ich freue mich auf das internationale Flair, weiß aber auch, dass die Arbeit an der Rezeption allein mich nicht ausfüllen wird. Bei Coop habe ich bereits mit dem Schwerpunkt Marketing gearbeitet, und darauf will ich aufbauen. Die Lösung verspricht eine berufsbegleitende Fachschule, und dort lasse ich mich abends zur Werbefachfrau ausbilden. Was sich so schön anhört, ist allerdings Stress pur. Denn neben der ohnehin schon vielen Arbeitszeit im Hotel drücke ich jetzt noch Abend für Abend die Schulbank. Als ich wenig später einen Job in einer Werbeagentur ergattern kann, greife ich zu und kündige im Hotel. Mit

Schule und Job bleibt jetzt wenigstens etwas geregelte Freizeit, und die verbringe ich, wo sonst, in den Bergen. Ich wandere stundenlang, genieße nach den Tagen zwischen PC und Schulbuch, Meetings und Pitches eine grandiose Natur, bei jedem Wetter. Diese Stunden in den Alpen sind meine absolute Kraftquelle.

KAPITEL 2

Ein Ausflug im Winter verändert mein Leben. Es ist Anfang Januar und ziemlich kalt, als ich mich nach der sechsten Abfahrt auf einer Alm in meinem Lieblingsskigebiet rund um Adelboden mit einem warmen Tee und einer duftenden Waffel von meinen Pistenabenteuern etwas erholen will. Die Sonne scheint vom nahezu wolkenlosen Himmel. Die Temperaturen sind für die Jahreszeit ungewöhnlich mild. Entsprechend groß ist der Trubel auf der Terrasse. Ich bin etwas ausgepowert und kann dringend eine Stärkung gebrauchen, und so setze ich mich spontan in einer windgeschützten Ecke auf den Boden und genieße die wohltuende Pause.

»Na, das ist aber ziemlich unkompliziert!«, schreckt mich eine dunkle Stimme auf. Ich sehe hoch und blicke direkt in zwei strahlend blaue Augen, die mich freundlich anblinzeln.

»Was meinst du?«, frage ich irritiert.

»Na, du wartest nicht auf einen frei werdenden Platz, sondern hockst dich einfach hin. Das erlebt man hier oben nie!«

Ist das schon unkompliziert, denke ich und mustere mein Gegenüber neugierig.

Der Mann, der mich so heiter anlächelt, ist groß, kräftig und sehr gutaussehend. Er hat seine Schneebrille flott in die dunklen Locken geschoben, den Kragen des Anoraks gelockert und seine Handschuhe lässig in die Hosentaschen gesteckt.

Er scheint meinen taxierenden Blick zu bemerken, geht aber gar nicht darauf ein. »Ich heiße übrigens Micha«, sagt er und streckt mir schwungvoll seine Hand entgegen.

»Ich bin Barbara«, entgegne ich und schlage ebenso schwungvoll ein. »Magst du dich zu mir setzen?«

Micha zögert nicht, drückt mir seinen Kaffeebecher mit einem »Hier, halt mal kurz« in die freie Hand und rutscht an meine Seite.

»Du bist aber auch nicht gerade kompliziert«, flachse ich und gebe ihm augenzwinkernd sein Getränk zurück.

Und dann sitzen wir da, auf dem kleinen holzverkleideten Absatz mit spektakulärem Talblick und erzählen uns aus unserem Leben.

Michael, so heißt meine Zufallsbekanntschaft richtig, ist Schulleiter in einer Gemeinde in der Nähe von Thun. Er ist sechs Jahre älter als ich, sehr gesprächig, ausgesprochen amüsant und ungeheuer einfühlsam. Es fasziniert mich, dass er zu erspüren scheint, was ich sagen will, und mir Antworten auf Gedanken gibt, die noch gar nicht ausgesprochen sind, und so fliegen zwischen uns die Sätze wie Pingpongbälle hin und her. Vermutlich hätten wir noch Stunden dort gesessen. Aber es ist Winter, und als die Sonne hinter einer hartnäckig unbeweglichen Wolke verschwindet, wird uns beiden auch schnell richtig kalt.

»Ich muss los, sonst bin ich bald steif gefroren und komme auf meinen Skiern nicht mehr ins Tal!«, sage ich schließlich.

»Wie ich dich einschätze, wird das nicht passieren. Du beißt einfach die Zähne zusammen und ziehst durch, was du dir vorgenommen hast.«

Ich lächele und nicke. »Richtig! Ich bin hart im Nehmen. Und du?«

»Weniger, deshalb nehme ich auch die Gondel!«, kokettiert er, »und kann auch noch ein bisschen bleiben.«

Aber bevor ich losziehe und wirklich, wie prophezeit, das letzte Mal an diesem Tag ins Tal sause, tauschen wir unsere Telefonnummern aus. Wir sehen uns wieder, das ist uns beiden ganz klar.

Zwei Tage später ruft mich Micha schon an, und wir verabreden uns für das kommende Wochenende zum Wandern.

Und da passiert es prompt: Wir verlieben uns heftig ineinander, und mein Leben verläuft plötzlich wie auf Schienen. Alles fügt sich mit einer Leichtigkeit, als hätte jemand an der Schicksalsuhr gedreht.

Michael und ich ziehen rasch zusammen, und damit das Glück auch rundherum perfekt ist, verstehen sich dieses Mal auch meine Eltern bestens mit ihrem voraussichtlichen Schwiegersohn und helfen engagiert beim Umzug mit.

Mein neues Zuhause ist eine wunderschöne Erdgeschosswohnung mit Blick auf den Thuner See und auf die ganze herrliche Alpenkette, und es geht mir so gut, dass ich mich kneifen muss, um zu glauben, dass all das hier auch wahr ist. Ich habe jetzt ein traumhaftes Zuhause, einen liebevollen Partner, engagiere mich sehr erfolgreich in meinem Agenturjob und meistere meine Ausbildung problemlos. Perfekt! Und damit absolut nichts mehr zu meinem Glück fehlt, finde ich sogar noch eine wunderbare Freundin, die plötzlich in der Abendschule vor mir steht: Monika! Sie kommt aus Thun, und wir kennen uns aus einem Kletterlager, in dem wir als Jugendliche einmal gemeinsam die Ferien verbracht haben. Damals hatten wir uns nicht viel zu sagen. Wir waren einfach zu unterschiedlich. Aber jetzt freuen wir uns beide über das Wiedersehen, und Monika lädt mich so freundlich zum Kaffee ein, dass ich nicht eine Sekunde überlegen muss anzunehmen.

Obwohl wir eigentlich grundverschieden sind, werden wir schnell beste Freundinnen. Ich bin nach wie vor das Naturkind, klein, zart, eher still, meistens in Jeans, Shirt und Anorak, ohne Make-up, ohne Schnickschnack. Monika ist etwas kräftiger, schick, modebewusst, mit flottem Kurzhaarschnitt und immer selbstsicherem Blick. Sie wandert zwar auch gern, aber ohne großen Ehrgeiz, einfach nur zum Spaß. Aber das spielt keine Rolle. Wir haben genug Gemeinsamkeiten. Neben unserem Interesse fürs Marketing können wir uns einfach ausgesprochen gut unterhalten, über die Schule, die Familie, die Partnerschaft, über das Leben. Wir hören einander zu, geben uns Tipps, achten dabei unser Anderssein. Ich liebe es, ihre Meinung zu hören. Sie sagt mir allerdings nie, was ich tun soll, sondern stellt stattdessen interessierte Fragen und gibt kluge Anregungen. Wenn ich nicht weiß, was zu dem Zeitpunkt gerade richtig ist, führt sie mich mit ihrer aufmerksamen Art immer wieder an das Ziel, das mich schließlich zufrieden macht. Monika tut mir gut, und ich möchte sie rasch nicht mehr missen.

* * *

»Na, wann wollt ihr denn endlich heiraten?«, meint Vati und lächelt mich schelmisch an. Meine Eltern haben Micha und mich zum Kaffee eingeladen. Es gibt Muttis Spezialität, eine leckere Beerenwähe, von der ich Micha schon lange vorgeschwärmt habe. Kurz bevor wir uns ein

Stückchen davon gönnen, überrascht uns Vati mit der direkten Frage.

Ich muss schmunzeln, weil mein Vater sonst eigentlich nie so offensiv ist. Aber es wundert mich auch nicht, dass er danach fragt, denn Micha und ich sind für meine Eltern das Traumpaar schlechthin. Wir haben dieselben Hobbys, verstehen uns ohne viele Worte und sind immer als gutgelauntes Team unterwegs.

»Lieber heute als morgen«, sagt Micha, wobei er mir zärtlich den Arm um die Schulter legt und mich fest an sich zieht.

Ich genieße diese Nähe, diese Wärme und Geborgenheit, vermeide aber eine klare Antwort. »Irgendwann bestimmt«, sage ich ausweichend.

Dabei ist Micha wirklich der Sechser im Lotto. Er ist lieb, aufmerksam, immer für mich da und gibt mir alles, was ich mir wünsche. Es gibt absolut nichts, was gegen ihn spricht.

Vati strahlt jetzt zufrieden, und Mutti läuft überglücklich lächelnd in die Küche, um noch frische Sahne zu holen. Ich weiß, dass Micha für meine Eltern der Traumschwiegersohn ist. Meine Mutter liebt seine Herzlichkeit und Hilfsbereitschaft. Wenn sie etwas aus der Stadt braucht oder sich über eine helfende Hand im Garten freut, Micha ist da! Mein Vater kann sich mit ihm über seine Lieblingsthemen unterhalten: die Natur, die Abenteuer in den Bergen, die Freude an den Vögeln. Alles sind auch für Micha willkommene Gesprächsthemen. Vati ist so begeistert von ihm, dass er ihn fest bei unseren Bergtouren einplant. Wir ziehen fast immer zu viert und, wenn Käthi Zeit hat, auch zu fünft durch die Natur. Es macht Spaß, wenn wir alle zusammen sind, und wir sind nicht nur äußerlich, sondern auch innerlich eine Bilderbuchfamilie.

»Heiraten, nee, das passt nicht zu mir«, sage ich wenig später zu Monika, als ich ihr amüsiert von den Hochzeitsfantasien meines Vaters erzähle. »Aber für meine Eltern bin ich am Ziel.«

Wir sitzen auf meiner Terrasse und genießen den Blick in die herrliche Frühlingslandschaft. Ich habe Gemüsestrudel gebacken und uns eine Flasche Wein aufgemacht.

Monika hakt sofort ein. »Und für dich? Bist du für dich nicht am Ziel?«

»Ja klar, eigentlich schon«, antworte ich.

»Wieso ›eigentlich‹?«, will sie jetzt wissen. »Was fehlt dir denn?«

Ich fühle mich ertappt, bin aber froh, dass Monika so reagiert. Denn ich brauche jemanden zum Sprechen, da sich im Moment ganz viel in mir dreht.

»Es ist nichts falsch, Monika. Aber irgendetwas lässt mich trotzdem zweifeln. Irgendwie fühle ich mich nicht, sagen wir: ganz.«

»Nicht ganz? Was meinst du damit?«

»Ich kann das kaum erklären. Ich weiß, dass ich eigentlich ständig jubeln müsste vor Glück, weil alles so gut passt. Aber in mir ist ein tief sitzendes Gefühl, besser der Hauch eines Gefühls, und das sagt mir, dass etwas nicht stimmig ist.«

Ich nippe an meinem Wein, sehe meine Freundin nachdenklich an und mache dann schnell eine wegwischende Handbewegung.

»Aber vergiss es am besten. Lass uns gar nicht weiter darüber sprechen. Du kannst es nicht verstehen, weil ich es ja auch nicht verstehe und überhaupt nicht erklären kann.«

»Dann versuche es. Ich habe Zeit!«

Ich räuspere mich. »Also, ganz kurz, irgendwie sagt ein Prozent in mir, dass ich eine Fehlbesetzung bin.«

»Eine was?« Monika sieht mich ratlos an. Ich bin selber erstaunt über das, was ich gerade gesagt habe, und springe aus einer Mischung aus Überraschung und Entsetzen schnell auf, um aus der Küche eine Gabel zu holen.

»Eine Fehlbesetzung, meinst du, du hast, wie in einem Film, in deinem Leben die falsche Rolle?«, ruft Monika mir nach.

»Das klingt so hart«, rufe ich zurück und versuche selber beim Sprechen Klarheit zu finden. »So ausgesprochen hört es sich auch nicht richtig an. Aber ich weiß einfach nicht, ob es das jetzt schon gewesen sein soll, verstehst du?«

Als ich mich wieder an den Tisch setze, sieht mich Monika sichtbar verunsichert mit großen Augen an.

»Weißt du, im Moment bin ich baff. Ich hätte mit allem gerechnet, aber nicht, dass du an diesem Traummann und deinem wirklich runden Leben zweifelst.«

»Ich überrasche mich doch auch damit«, sage ich kleinlaut. »Vielleicht geht einfach alles nur zu schnell. Im Januar habe ich Micha kennengelernt, und im Sommer sind wir schon zusammengezogen. Und jetzt, ein knappes Jahr später, geht's schon um Hochzeit. Bei dem Tempo kommt meine Seele nicht mehr mit.«

»Überstürze nichts«, rät Monika jetzt. »Du hast alle Zeit der Welt.«

Ich nicke. »Ja, das ist richtig. Es geht doch um mein Leben, das große Ganze, und ich weiß einfach nicht, ob sich meine kleine heile Welt wirklich so gut anfühlt, wie sie aussieht.«

»Du kannst sehr wohl entscheiden, was sich gut anfühlt und was nicht. Mein Rat: Nimm dir Zeit, in dich hineinzuhorchen. Ich bin sicher, du bekommst Antworten.«

Als Monika an diesem Abend geht, bin ich etwas beruhigt. Das Gefühl, von dem ich ihr erzählt habe, war vielleicht nur eine Momentaufnahme, ein Augenblick der Verunsicherung, weil in letzter Zeit so viel auf mich eingeprasselt ist. Und sie hat recht: Ich muss nichts übers Knie brechen, sondern kann meine Zukunftsplanung langsam angehen.

Es ist eben viel passiert in den letzten Monaten. Nicht nur, dass ich jetzt mit einem Mann zusammenlebe und in einer festen Beziehung stecke, ich habe seit Kurzem auch einen richtig guten Job. Mit dem Schulabschluss in der Tasche und der Erfahrung in der Agentur konnte ich in der Marketingabteilung einer Lebensmittelfirma in Bern anfangen und komme dort richtig super voran. Obwohl ich noch ein Youngster bin, kann ich eigene Projekte auf den Weg bringen und begleiten und bekomme auch jede Menge Lob für meine Leistung. Allerdings fordert mich das auch. In der Woche komme ich so spät nach Hause, dass ich nur noch erschöpft ins Bett plumpse. Durchatmen? Ruhe? Fehlanzeige! Und an den Wochenenden, wenn ich Zeit dazu finde, erobere ich mit Michael und der Familie die Alpen. Es ist also rund um die Uhr etwas los.

Während ich gedankenverloren das Geschirr in die Küche trage, beginne ich zu realisieren, dass mir wirklich Zeit fehlt – Zeit für mich!

Ich lehne mich an den Geschirrspüler, schließe die Augen und sehe Bilder des letzten Wochenendes vor mir, diese herrlichen Alpenbilder, die meine Seele immer aufs Neue streicheln. Das graue, mächtige Gestein hebt sich majestätisch vor dem tiefblauen Himmel ab. Die Wiese vor mir ist übersät mit Glockenblumen und Wiesenmargeriten und in einer kleinen Felsspalte entdecke ich tiefrosa blühende Alpenrosen.

Ich sehe mich direkt an einem kleinen Wasserlauf hocken, stecke meine von der langen Wanderung brennenden Füße in das klare, eiskalte Gebirgswasser und spüre, wie die Kälte sich von den Fußsohlen hinauf in meinem ganzen Körper ausbreitet und ihn in Sekunden erfrischt. Die Sonne wärmt mein Gesicht, und es riecht nach unberührter Natur. Herrlich!

Neue Bilder tauchen vor meinen Augen auf. Ich besteige den Finsteraarhorn mit meinem Vater. Mit dicken Steigeisen kämpfen wir zwei uns hinauf zum Gipfel. Ich wandere mit Käthi über die Sieben Hengste, mit Marcel auf den Mount Kosciuszko in Australien, und an Michas Seite erobere ich das Faulhorn. Es ist alles so wunderschön. Ich habe ganz herrliche Bilder, vermutlich für immer, in meinem Kopf gespeichert. Und plötzlich fällt mir ein entscheidender Punkt ein: Ich war noch nie allein in der Natur unterwegs. Ich war immer in Gesellschaft, früher in der Familie, dann mit Partner, zum Schluss sogar in der Gruppe.

Das ist schön, oft auch besonders heiter, keine Frage, aber im Moment nicht das, wonach ich mich sehne. Im Moment spielt sich mein Leben in hektischen Büros ab, ich renne von Termin zu Termin, und wenn ich nach Hause komme, erwarten mich mein Partner oder die Familie mit weiteren Programmpunkten, mit Einladungen, Aufgaben, Pflichten. »Kannst du …«, »Machst du …«,

»Kommst du …«. Immer ist jemand da, der etwas von mir will. Ich bin nur im Auto für mich oder im Bad, und auch dann drehen sich Gedanken über Zahlen und Kampagnen in meinem Kopf. Das kann es nicht sein. Der Dauerbeschuss ist es, der mich unruhig, nervös und unzufrieden macht. Ich möchte allein sein, am liebsten in der Natur, die ich so liebe, unter freiem Himmel, allein mit meinen Gedanken, allein mit mir.

Als ich am Abend Michael davon erzähle, geht er sofort auf mich ein, und schnell entspinnt sich eine lebhafte Diskussion zwischen uns.

»Die ständige Ansprache, das ständige Gefordertsein, das höhlt mich aus. Ich brauche mehr Zeit für mich, ich möchte öfter mal allein sein, am liebsten allein in der Einsamkeit«, erzähle ich ihm.

»Was ist denn für dich Einsamkeit?«, will er wissen.

»Ich meine damit die Natur, in der mir nicht ständig jemand begegnet.«

»Du möchtest aber nicht mit mir in die Einsamkeit, sondern allein, richtig? Du suchst also die doppelte Einsamkeit.«

»Wenn man das so sagen kann, ja. Ich möchte das Alleinsein in der Einsamkeit. Ich glaube, es gibt gar kein Wort dafür, keinen Ausdruck für dieses empfundene Gefühl. Ich möchte mehr ›Für-mich-sein‹ in der Einsamkeit, aber ohne mich einsam zu fühlen, weil ich mich ja freiwillig zurückziehe. Verstehst du mich?«

»Allein? Einsam? Was ist es?«

Ich wäge gut ab, bevor ich antworte.

»Allein in der Einsamkeit, das ist die richtige Bezeichnung, und das ist es, was mir so guttut«, erkläre ich. »Einsam ist ein Gefühl, ein negativ geprägtes Gefühl, und das trifft auf mich nicht zu. Ich bin gern allein und fühle mich dabei nicht einsam, sondern glücklich.«

»Ja klar, einsam sein ist verbunden mit unfreiwilligem Ausgegrenztsein. Man sehnt sich nach Miteinander und hat es nicht, empfindet deshalb Trauer, Schmerz und Selbstzweifel. Das ist etwas anderes.«

»Genau, ich suche das freiwillige Abgeschiedensein, die Ruhe und Stille, die man nur findet, wenn man mit sich allein ist.«

»Das ist ein verständlicher Wunsch, und du hast ihn nicht allein. Wir sehen doch immer die vielen Wanderer, die die Abgeschiedenheit in den Alpen suchen. Es sind nicht wenige komplett allein unterwegs.«

»Genau, sie suchen wie ich das Alleinsein und sehnen sich danach, weil sie genug Gemeinschaft hatten, manche vielleicht sogar davon ausgebrannt sind.«

»Fühlst du dich ausgebrannt?«, fragt Michael jetzt direkt.

»Nein, so weit geht es nicht, noch nicht. Aber ich spüre seit einiger Zeit eine Unzufriedenheit in mir, und seit heute weiß ich, woran das liegt, weil meine Sensoren angeschlagen haben. Mir fehlt Zeit für mich, für mich allein. Das Alleinsein in der Einsamkeit, das ist die beste Möglichkeit, sich intensiv mit sich selbst zu beschäftigen, in sich zu gehen, herauszufinden, welche Verhaltens- und Denkmuster geändert werden sollten, um zu wachsen. Ich möchte mich fragen: Was nehme ich weiter mit auf den Weg, was streife ich ab. Ich möchte in den Moment des Alleinseins eintauchen und dankbar sein für Dinge, die da sind, mich aber auch mit Unsicherheiten, Ängsten, Schuldgefühlen beschäftigen, einfach mit mir.«

»Das rät dir jeder Psychologe: Sei unter Menschen, solange du es erträgst, und ziehe dich zurück, wenn du es brauchst, das variiert. Jeder muss für sich allein herausfinden, wie viel Zeit er für sich braucht.«

Ich bin glücklich. Michael versteht mich und lässt mich ziehen.

»Wann immer du willst«, sagt er lachend. »Hauptsache ist, du kommst wieder zurück.«

Ich küsse ihn dankbar. Er ist wirklich ein Traummann.

* * *

Ich laufe, laufe, laufe. Seit zwei Tagen bin ich rund um den Mont Blanc unterwegs und genieße es, nur für mich zu sein und absolut keine Erwartungen erfüllen zu müssen. Ich habe ein leichtes Zelt dabei, einen Schlafsack, meine Isomatte und einen kleinen Kocher, den ich mir von meinem Vater ausgeliehen habe. Dazu eine Packung Kartoffelbrei, eine Tüte Reibekäse, ein paar Müsliriegel, etwas Obst und eine Tafel Schokolade, Teebeutel und, ach ja, eine Regenjacke. Das war's.

Die Steigungen sind in diesem Gebiet alle moderat und damit ungefährlich. Man kann überall ein abgeschiedenes Plätzchen zum Ausruhen oder Schlafen finden, und das Wetter ist jetzt im Juni durchweg gut. Nichts deutet auf einen Wetterwechsel hin, und ich kann wirklich jeden Tag genießen, ohne mir groß Gedanken zu machen, wie er enden könnte.

Heute, für meine letzte Nacht, habe ich allerdings einen besonderen Plan. Ich möchte mit einem besonders spektakulären Ausblick übernachten! Ich werde mir einen Platz suchen, von dem aus ich einen perfekten Blick in das Tal habe. Es ist lange hell, und ich freue mich auf diesen sicher stimmungsvollen Ausklang meiner ersten Single-Tour.

Ich entscheide mich für eine Lichtung, eingebettet zwischen zwei hohen Felswänden. Im Hintergrund ragt das gewaltige Felsmassiv des Mont Blanc in den Himmel, gerahmt von weiteren massiven Steinformationen, und direkt vorn sehe ich ein malerisches Tal, in dem wie hineingestreut typische Schweizer Gehöfte liegen, wie eingetaucht in das satte Lindgrün der Wiesen.

Ich koche mir einen warmen Tee und lehne mich an einen Baum. Die Ruhe, die Einsamkeit, es ist wunderschön.

Ein Bergpieper hüpft jetzt auf einen Ast, der direkt zu meinen Füßen liegt. »Na, mein Kleiner, suchst du leckere Snacks«, flüstere ich leise und beobachte geduldig, wie er intensiv in die Erde pickt. Rechts von mir laufen zwei Käfer an einem Grashalm entlang. Ob es ihnen gefällt, dass ich hier liege? Vielleicht störe ich ihre Abendruhe. Was war das? Ein Hase? Ich habe nichts erkannt. Es war nur ein Schatten. Aber was außer einem Tierchen läuft hier oben in den Bergen um acht Uhr durch die Natur? Eine Gebirgshütte gibt es an dieser Route nicht. Die Seilbahnen sind längst abgestellt. Touristen verirren sich nicht hierher. Ich kann also wirklich sicher sein, dass niemand meinen Weg kreuzt. Ich bin allein und spüre ein tiefes Glück. Denn ich bin allein in dieser herrlichen Natur, unter freiem Himmel, die ganze Nacht.

Diese letzten drei Tage waren für mich wie eine Vitaminspritze.

Als es langsam dunkel wird, lasse ich das Zelt unausgepackt und lege mich in meinen Schlafsack. Über mir strahlen die Sterne, und ich lausche den melodischen Geräuschen der Alpen. Ich höre das Uhuhu einer Eule, das Pfeifen einer Gams, und ganz in der Nähe plätschert ein Bach. Er kennt keine Uhrzeit.

Das Unerwartete ist, dass ich bis jetzt nicht eine Sekunde lang Langeweile hatte. Obwohl es ja keine der üblichen Ablenkungen gibt. Kein Telefon, kein Fax, keinen Chef, der einen anspricht, keinen Kunden, der etwas möchte. Aber auch keinen Gefährten, der den Weg mit mir gegangen ist. Man wird in Ruhe gelassen und muss niemandem antworten. Man ist ganz mit sich, und das ist wunderbar. Denn die Stille und die Ruhe nutzt der Kopf anders als erwartet.

Unterwegs rattern die Gedanken ununterbrochen und schweifen nahezu überallhin. Man wird kreativer denn je und entdeckt viel Neues in sich. Man kann Dinge zu Ende denken, »ausdenken«, bis alles beantwortet ist. Man stellt neue Fragen, gibt sich neue Antworten. Man lässt aber auch nichts zu. Das ist herrlich und macht rundherum zufrieden.

Dazu kommt die Einfachheit. Alles, was ich brauche, passt in einen kleinen Rucksack mit knapp zehn Kilo Gewicht. Ich wasche mich an einem Berglauf mit klarem Wasser, gurgele kräftig mit einem Sud aus Kamille, sammele frischen Thymian und wilden Majoran und rühre mir eine leckere Kartoffel-Kräuter-Suppe an, zum Nachtisch knabbere ich Nüsse.

Was ist das?

Es knarzt und knirscht so laut, dass ich davon aufschrecke. Es sind Äste, in denen der Wind spielt, und ab und zu macht ein Tier ein Geräusch, weil es vermutlich ziemlich nah an mir vorbeisaust und dabei unachtsam das Wurzelwerk durchstreift. Doch jetzt blitzen mich auch zwei Augen in der Dunkelheit an, und ich erkenne anhand der Umrisse, die sich im Mondschein abzeichnen, dass es ein Dachs ist. Der Kleine schnuppert neugierig an meinem Schlafsack, vermutlich denkt er, ich gehöre da nicht hin. Aber als er merkt, dass von mir keine Gefahr ausgeht, dreht er sich gelassen um und huscht davon.

Die Geräusche der Alpen sind wie Musik. Es ist das Lied einer intakten Natur. Ich kann mich nicht daran satthören. Wie viel schöner hört es sich doch an als das Surren meines PCs oder das gleichmäßige Schnurren des Fahrstuhls am Morgen, wenn ich im Büro ankomme. Geräusche, die da sind und längst nicht mehr stören. Aber sie berühren nicht. Ganz anders ist es hier. Die Geräusche des Waldes sind Streicheleinheiten für meine Seele.

Warum empfinde ich das erst jetzt so intensiv? Ich habe doch schon als Kind im Zelt gelegen und gelauscht, was um mich herum passiert. Ich habe auch im australischen Busch unter freiem Himmel geschlafen, und häufig haben Marcel und ich die Sternbilder der Südhalbkugel studiert.

Aber es war nie wirklich still. Mit Käthi war ich ein Kind, später Jugendliche. Wir haben gekichert, uns Witze erzählt, gehorcht, was Vati und Mutti draußen tun. Auf den Touren in Australien haben Marcel und ich uns ausgetauscht, über all das Faszinierende, das uns begegnet ist: Kängurus, die fröhlich um uns herumgehoppelt sind, Dingos, bei denen uns mulmig war, und vorbeischleichende Füchse, die gar keine Notiz von uns genommen haben.

Es gab immer Begleitmusik, schöne, alberne, unterhaltsame, auch wertvolle. Aber wie viel schöner ist es ohne. Das, was ich an diesen drei Tagen in den Bergen erlebe, hat eine andere Dimension: Ich bin allein, sozusagen störungsfrei. Niemand redet, niemand lenkt mich ab. Ich muss nicht antworten, nicht freundlich sein, nicht auf irgendetwas reagieren. Ich muss nicht lächeln, nicht da sein.

Ich sehe in den Himmel. Oberhalb der Baumgrenze fühlt man sich nicht nur näher an den Sternen, sondern man sieht in der klaren Luft bei wolkenfreier Nacht Tausende von Sternen funkeln und kann deutlich das Lichterband der Milchstraße ausmachen. All das habe ich nun für mich allein. Ich weine, weil ich so ergriffen bin. Das hier ist eine ganz neue Erfahrung, und je länger ich mir mein Himmelskino anschaue, desto schummriger wird mir. Ich mache mir Sorgen, dieses Gefühl könnte mir so wichtig werden, dass ich es nicht mehr missen möchte. Was dann?

Später, eingekuschelt in meinen Schlafsack, falle ich nicht in den Schlaf, sondern ich gleite sanft hinweg, weil ich so wunderbar entspannt bin, rundherum wohlig und vom Leben angenommen.

***

»Verdammt!«, zische ich, nachdem ich den Telefonhörer eine Spur zu heftig auf die Station geknallt habe, und poltere lautstark meine ganze Wut heraus. »Hätte man das nicht früher klären können? Erst der ungeheure Druck, und jetzt ist die ganze Arbeit umsonst!«

Ich bin sauer, richtig angefressen. Denn eigentlich sollte heute ein wichtiger Vertrag abgeschlossen werden. Ich habe mich dafür eigens mit einem üppigen Frühstück gestärkt und war schon fix und fertig angezogen, um mich auf den Weg zu machen, eine große Werbekampagne unter Dach und Fach zu bringen. Aber dann, quasi schon auf dem Sprung, kam die Nachricht, dass ein politischer Entscheid gegen die Tabakwerbung alles zunichtegemacht hat. Firmenalltag, ich weiß, aber heute erwischt es mich unvorbereitet. Ich habe gedacht, ich hätte alles in trockenen Tüchern.

Es ist Januar 1996, und mit dieser Niederlage fängt das neue Jahr nicht gerade gut an.

Unruhig drücke ich die Telefonnummer meines Büros und lasse mich zum Chef durchstellen.

»Das war's jetzt mit meinem Projekt«, platze ich direkt heraus. »Das heißt, drei Monate Arbeit haben sich gerade in Rauch aufgelöst.«

»Ich habe es schon gehört«, sagt mein Chef knapp und ist greifbar enttäuscht.

»Tut mir leid, aber wir konnten nicht damit rechnen«, versuche ich die Situation zu erklären.

Er reagiert schnell wieder gefasst. »Im Moment ist nichts zu machen, außer abzuwarten. Frühestens in vier Wochen können wir anders einsteigen. Das heißt, du hast jetzt auch gar nichts mehr zu tun?«

»Ich habe immer zu tun«, nehme ich ihm sofort den Wind aus den Segeln, schränke aber mein Engagement schnell wieder ein, denn eigentlich ist eine Pause im Moment gar nicht schlecht. Statt mir jetzt im Büro mit Aufräumarbeiten die Zeit um die Ohren zu schlagen, könnte ich meinen aufgelaufenen Urlaub nehmen.

»Du, ich könnte ein paar freie Tage sehr gut gebrauchen. Vielleicht fällt mir in der Auszeit auch noch etwas für den Kunden ein. Du weißt ja, so leicht lasse ich niemanden ziehen.«

Mein Chef zögert nur kurz, dann ist er einverstanden. »Das ist vielleicht das Beste, Barbara. Dann sehen wir uns wann wieder? Was schätzt du?«

»In spätestens zwei Wochen bin ich wieder da.«

»Okay, nutze die Zeit und verwöhne dich!«, rät er mir noch zum Abschied, und als ich das Gespräch beende, ist meine Enttäuschung der Vorfreude gewichen.

Ich ziehe mir die Jacke wieder aus und nehme mir vor, es mir gut gehen zu lassen, als Trostpflaster. Entspannt setze ich mich an den Frühstückstisch und schenke mir einen weiteren Kaffee ein.

Micha ist schon in der Schule. Ich kann es mir zu Hause richtig bequem machen und stöbere ganz in Ruhe in der liegen gebliebenen Post.

Was ist das? Ein Reiseprospekt. Ach ja, Micha hat kürzlich gefragt, ob wir mal in den Sommerurlaub verreisen wollen. Strand statt Alpen. Warum nicht!

Neugierig blättere ich das Angebot durch, doch statt des erwarteten Palmenstrandes strahlen mich auf den ersten Seiten tiefblaue Hundeaugen an. Huskys im Schnee? Was ist das denn?

Ich blättere weiter durch den Prospekt und erfahre, dass die Tiere zu einer Hundeschlittenfarm in Finnland gehören, die ganz in der Nähe des bekannten Städtchens Rovaniemi liegt. Davon hatte ich schon gehört und mir sogar den Namen gemerkt. Denn in dieser Stadt hoch im Norden am Polarkreis soll der Weihnachtsmann wohnen, und man kann dort rund ums Jahr Feststimmung erleben, Festliches einkaufen, *Jingle Bells* hören und sich weihnachtlich fühlen.

Danach steht mir allerdings nicht der Sinn, Weihnachten ist vorbei, es ist Januar, aber eine Reise in den Schnee klingt gar nicht schlecht. Ich lehne mich zurück, nippe weiter am Kaffee und lese von Schlittenhundetouren durch eine fast menschenleere Natur, über zugefrorene

Seen und sich nahezu endlos ausbreitende Schneeflächen. Die Bilder sind grandios. Treue Hundeaugen, weite Natur und tiefblauer Himmel. Faszinierend! Ich bin begeistert. Gerade habe ich erfahren, dass ich frei bin. Micha muss arbeiten. Statt meine Urlaubszeit zu Hause zu vertrödeln, kann ich auch eine Woche etwas Spezielles machen und mit dem Hundeschlitten durch die arktische Wildnis sausen. Das ist es. Ich habe Lust auf Abwechslung und genug Geld auf dem Konto. Ohne zu zögern, nehme ich das Telefon und buche eine Last-Minute-Tour in den Norden. In drei Tagen geht's los. Rovaniemi, ich komme.

KAPITEL 3

»Wir setzen jetzt an zum Landeanflug auf Rovaniemi. Bitte verlassen Sie Ihre Plätze nicht mehr und schnallen Sie sich an.«

Ich blicke neugierig aus dem Fenster und bin fasziniert von der grenzenlos scheinenden Weite, die sich unter dem Tragflügel ausbreitet. Die Landschaft ist flach, sehr waldreich und tief verschneit.

Obwohl die Stadt gut 60 000 Einwohner hat, sieht man kaum Häuser, nur ab und zu sind bei der diesigen Witterung unter der dichten Schneedecke einzelne Dächer zu erkennen.

Wir sind eine kleine Reisegruppe von fünf Schweizern, altersmäßig bunt gemischt und alle sehr unkompliziert und heiter. Neben mir sitzt Johannes, ein circa 50-jähriger Lehrer aus Zürich, mit seinem Sohn Mark, einem Jurastudenten. Dann gibt es noch Peter, einen Orthopäden, und Ulf, einen Zimmermann, der einen kleinen Handwerksbetrieb leitet. Beide sind um die 40 und aus Bern. Ich bin die einzige Frau und nach Mark die Zweitjüngste. Wir haben uns gerade erst am Flughafen in Zürich kennengelernt, verstehen uns aber auf Anhieb prächtig. Uns verbindet die Lust auf dieses einzigartige Abenteuer im hohen Norden, aber auch die Freude am Zusammensein.

Wir übernachten in einem urigen Hotel am Rande des Städtchens, genießen einen feuchtfröhlichen Begrüßungsabend mit Lachs, Gemüsepiroggen und unglaublich leckerem Beerenwein und legen uns nach einigen Salmiakki, dem finnischen Lakritzschnaps, früher hin als erwartet.

Das Frühstück ist zünftig und sehr üppig. Es gibt natürlich Puuro, den berühmten finnischen Haferbrei mit Preiselbeeren, und dazu, super lecker, Kartoffelfladen, die appetitlich mit Eibutter bestrichen sind.

Danach geht es im Minibus zur Husky-Lodge »IceDream«. Es ist eine ungewöhnliche Tour. Wir sind am Polarkreis, und man fühlt sich in eine andere Welt versetzt. Auf der einzigen Straße, der E75, gibt es kaum Autos, dafür jede Menge putzige Rentiere, die uns vom Straßenrand aus wenig scheu ansehen. Die Bäume sind tief verschneit. Das Thermometer zeigt minus 22 Grad Kälte an, und es ist auch um 10 Uhr immer noch oder schon wieder dämmerig und wird heute maximal drei Stunden halbwegs hell sein.

Als wir nach einer Stunde auf die Lodge kommen, steht der Eigentümer schon draußen und empfängt uns mit einem freundlichen Lächeln. »Ich bin Samu«, sagt er und streckt uns herzlich die Hand entgegen. Er ist klein, kräftig, hat blondes Haar, das ihm lässig ins Gesicht fällt, und gewinnend blitzende eisblaue Augen. Ein durch und durch sympathisch wirkender Mann, der uns mit einem gekonnten Small Talk über das finnische Landleben sofort in seinen Bann zieht. Samu spricht Englisch, erzählt witzig und anschaulich von der Einsamkeit, den langen Wegen, der gerade im Winter nicht enden wollenden Dunkelheit. Siiri, Samus Frau, kommt mit einem Tablett heraus und verteilt einen wärmenden Tee. Sie ist eine sehr sportlich wirkende Frau mit kurzen braunen Locken, die uns genauso freundlich anstrahlt wie ihr Mann, und wir fühlen uns sofort vertraut und wohlig angenommen.

Die Lodge besteht aus einem großen Holzhaus mit einladender Veranda und diversen kleinen Nebenhäusern. Alle Gebäude sind in einem warmen Rot gestrichen und erinnern in der weißen Schneelandschaft ein bisschen an Pippi-Langstrumpf-Idylle.

Wir dürfen uns umsehen und werden dabei von circa 70 Huskys beobachtet, die die ganze Zeit zu wissen scheinen, was kommt, denn sie springen aufgeregt vor ihren umzäunten Hütten umher, und einige heulen dabei wie spielende Wölfe.

»Freude pur«, erklärt uns Samu. »Sie können kaum abwarten, dass es losgeht und sie mit uns wegsausen dürfen.«

»Wir auch nicht«, antworte ich. »Es ist auch für uns Zweibeiner aufregend.«

»Hat jemand Erfahrung?«, fragt er jetzt in die Runde, aber wir müssen alle den Kopf schütteln und uns als absolute Neulinge outen.

»Na, dann will ich eure Greenhorn-Ungeduld nicht weiter ausreizen«, witzelt Samu und führt uns in einen kleinen Anbau, in dem wir uns kältesichere Kleidung aussuchen müssen. Unsere mitgebrachte reicht ihm bei den Temperaturen nicht aus.

»Und ich habe mich extra neu eingekleidet«, ärgert sich Peter, und Ulf schüttelt sich gespielt heftig, weil ihm anscheinend so vor der Kälte graust. Wir albern mit den dicken Schals und den Schneebrillen herum und haben richtig viel Spaß.

Draußen stellt Samu schon die Schlitten bereit, und zünftig eingemummelt in dicke Thermoeinteiler, die wir über unsere Skiunterwäsche gezogen haben, sind wir jetzt bereit für seine Einführung.

Die Hunde sind mittlerweile komplett außer Rand und Band, kläffen, heulen und jaulen wie verrückt, offenbar, weil sie uns an den Schlitten stehen sehen. Samu hat Mühe, dagegen anzusprechen, und wir müssen ungeheuer die Ohren spitzen, um alles mitzubekommen.

Aber er gibt uns erst einmal einen Hinweis, der mein Herz rührt.

»Huskys sind traditionell mit den Familien der Eskimos aufgewachsen, auch mit den Kindern. Sie haben ein ungeheuer freundliches und anhängliches Naturell. Seid genauso nett zu ihnen wie sie zu euch.«

Ich schlucke. Aus diesen Worten spricht so viel Liebe zu diesen ungestümen Wesen.

Samu erklärt dann, was uns als künftige Musher, so nennt man einen Hundeschlittenführer, gleich in der Wildnis erwartet und wie wir uns verhalten müssen, damit wir alle wohlbehalten zurückkommen.

Er spricht ruhig, leise, sehr besonnen.

»Im Gegensatz zu Reitern haben Musher keine Zügel«, erläutert er anschaulich, und wir sind mucksmäuschenstill, damit wir ja nichts von seinen Ausführungen verpassen. »Alles, was die Hunde tun, hängt davon ab, was ihr ihnen sagt.« Und er warnt uns gleich davor, das nicht ernst zu nehmen. »Klar hat ein Hundeschlitten auch Bremsen. Aber verlasst euch nicht darauf. Sicherer sind die Kommandos.«

Wir lauschen gebannt seinen Worten, und damit wir alle auch verstehen, wie wichtig seine Infos sind, sieht er jeden von uns abwechselnd direkt an und wiederholt dann noch einmal eindringlich: »Ein Musher kontrolliert sein Team nur verbal, okay?«

Wir nicken brav und sind allesamt fasziniert von der

Musher-Welt, in die wir gerade kopfüber mit Herz und Verstand eintauchen.

Ich bin wie elektrisiert, balle schon meine Hände voller Vorfreude auf das vor mir liegende Abenteuer und höre weiter gebannt zu.

»Der Leithund an der Spitze muss die Befehle richtig verstehen und umsetzen. Das ist ungeheuer wichtig. Denn er hält die anderen Hunde in der entsprechenden Aufstellung«, erklärt Samu weiter.

»Und was macht einen guten Leithund aus?«, möchte ich jetzt wissen.

Samu scheint sich über die Frage zu freuen, denn er holt etwas weiter aus.

»Da kommt einiges zusammen«, erklärt er. »Der Hund muss außergewöhnlich klug sein, damit er schnell versteht. Er braucht einen athletischen Körperbau, um ein gutes Tempo vorgeben zu können, und er muss eine hervorragende Haltung haben, denn damit beeindruckt er das Team, ihm zu folgen, und, ganz wichtig, er muss bereit sein, zu führen.«

»Und wie muss ich mir das in der Hundewelt vorstellen?«, fragt Ulf jetzt nach.

»Es ist wie bei uns Menschen. Er muss den entsprechenden Charakter haben, die natürliche Fähigkeit zur Führung. Den Rest bringt eine gute Ausbildung.«

Ich bin hin und weg und scheine das auch auszustrahlen, denn Samu sieht mich jetzt ganz gezielt an, als er weiterspricht.

»Bei den Menschen gibt es auch Führungspersönlichkeiten, denen man gern folgt, weil sie Kompetenz und Sicherheit ausstrahlen. So ist es auch bei den Tieren. Leithunde sind Kapitäne, sie geben Mut, Selbstvertrauen, Energie, auch in schwierigen Situationen.«

»Und wie lange dauert eine Ausbildung zum Leithund?«, will Johannes wissen.

»Lebenslang. Die Ausbildung ist nie zu Ende. Wie bei uns Menschen auch. Ein guter Leithund erlebt immer neue Dinge und Situationen, die er meistern muss, und daran wächst er.«

Wir nicken alle zustimmend, fasziniert, begeistert, aber auch ungeduldig, weil wir es kaum noch abwarten können, loszufahren, und weil wir Mühe haben, gegen die kläffende Hundemeute anzusprechen.

Samu erkennt das und führt schnell über zum letzten Teil.

»Wir haben es gleich geschafft«, versichert er uns. »Es gibt nur wenige wichtige Befehle, und jetzt geht es los: *Ready* heißt, man hält sich bereit zu starten. Dadurch macht man die Hunde aufmerksam, damit sie auf das nächste Kommando hören. *Alright* heißt, der Musher geht von der Bremse und signalisiert dem Hund: Du kannst jetzt loslaufen. *Whoa* heißt Stopp.«

Samu sieht uns jetzt noch einmal direkt in die Augen.

»Denkt daran, das ist das schwierigste Kommando«, schiebt er ein. »Denn Hunde wollen laufen. Sie dazu zu bringen, wirklich aufzuhören, erfordert viel Training. Geht deshalb bewusst mit diesem Befehl um.«

Und während ich mich schon ungeduldig von einem Fuß auf den nächsten stelle, lernen wir noch, dass *Gee* rechts und *Haw* links heißt.

Es gibt auch eine Fußbremse, mit der wir die Geschwindigkeit regulieren können, und eine Wurfbremse, den sogenannten Schneeanker, mit dem wir den Schlitten und die wilde Hundemeute bei einer Pause dauerhaft anhalten können.

Und dann ist es so weit. Es kann losgehen. Mein Herz pumpert vor Anspannung, und Ulf räuspert sich nervös. »Hoffentlich mache ich alles richtig«, flüstert er mir zu. Auch Mark hat ein bisschen Sorge, verliert aber seinen Humor nicht. »Ich kann mir vorstellen, wie das endet. Ich habe schon immer ›rechts‹ und ›links‹ verwechselt.«

Und dann bekommen wir unsere Hunde zugeteilt, unser Team. Je nach Gewicht sind es vier bis sechs Tiere, und wir dürfen sie eigenhändig einspannen. Wobei ›dürfen‹ nicht ganz stimmt. Wir ›müssen‹ es machen, und es ist eine knifflige Aufgabe, denn Huskys stellen sich nicht brav hin wie bei uns die Haushunde. Die Tiere sind richtig wild. Außer Rand und Band springen sie jaulend auf und ab, und ich habe Mühe, besonders meinen Leithund, meinen vierbeinigen »Verantwortlichen« für das bei mir vier Hunde umfassende Team, in das Geschirr zu bekommen.

Remo, so heißt mein Leithund, ist ein Sibirischer Husky und so schön, dass ich mich gar nicht an ihm sattsehen kann. Er hat seidiges Fell, in gelbbraunen, an manchen Stellen fast schon orange schillernden Farbtönen. Er ist etwas kleiner und untersetzter als die anderen Hunde und ein wahres Muskelpaket. Aber er hat noch etwas, das ihn für mich unvergleichbar macht: Er hat fast bernsteinfarbene Kulleraugen, die mich trotz seiner unbändigen Wildheit so freundlich und anhänglich ansehen, dass mich sein Blick direkt ins Herz trifft.

»Sei sicher, dass ich lieb zu dir bin und auch zu deinen Kumpels«, murmele ich ihm zur Begrüßung ins Ohr und knuddele erst ihn und dann die anderen Tiere, bevor ich mich ziemlich verzweifelt bemühe, die Hunde in die Geschirre zu bekommen.

Samu legt jetzt die Reihenfolge für unsere Tour fest. Ich

soll als Letzte fahren und bilde damit das Schlusslicht unserer Truppe.

»Die Position ist wichtig. Damit hast du die Kontrolle, dass an keiner Ecke der Trails die Hunde falsch abbiegen und jemand nicht mitkommt, okay?«

Ich nicke.

Offenbar hat Samu gesehen, dass ich sehr sportlich bin, und traut mir zu, auch ein Auge auf die anderen werfen zu können.

Ja, und dann ist es so weit. Es geht los. Wir stehen brav hintereinander, die Hunde springen jetzt noch unruhiger auf und ab als bisher und kläffen aus lauter Vorfreude so laut, dass jedes Gespräch unmöglich ist. Aber dann hebt Samu den Arm, ruft »Ready«, löst die Bremse, und mit einem Ruck setzt sich sein Schlitten in Bewegung. Und nach und nach machen wir das alle, und die Schlittenkarawane braust los. Als ich an der Reihe bin, durchruckt es mich so heftig, dass ich einen Moment lang glaube, vom Schlitten zu fliegen, aber ich tariere alles mit meinem ganzen Gewicht aus und komme so unerwartet prima in Fahrt. Es ist mein erster Versuch als frischgebackene Musherin, und anfangs umklammere ich noch etwas unsicher den Lenker. Im Ohr habe ich Samus Satz: »Ihr lasst den Lenker niemals los!« Daran halte ich mich, und mit den ersten Kilometern kommt die Sicherheit, und schnell fühle ich mich leicht und beschwingt.

Als wir nach einer halben Stunde aus dem dick eingeschneiten Wald über den watteweichen Trail auf eine Lichtung sausen, spüre ich die Faszination Hundeschlitten durch und durch. Die anderen sind weit vor mir. Ich sehe nur ihre farbigen Jacken. Der Abstand ist groß genug, um sich hier in der spektakulären Schneelandschaft frei und allein zu fühlen. Der Himmel hat heute eine blassblaue Pastellfarbe, und die Sonne blinzelt um diese Jahreszeit zwar nur ganz knapp über den Horizont, lässt aber den weißen Schnee glitzern wie Millionen fein geschliffener Kristalle. Um mich herum ist endlose Weite, die der Schnee wie ein riesengroßes weißes Tischtuch bedeckt. Am Horizont sind sanfte Hügel und Wälder zu sehen. Es ist paradiesisch.

Ich höre nichts außer dem Hecheln der Hunde, die rhythmisch wie eine Tanztruppe meinen Schlitten durch den fast schon staubigen Schnee ziehen.

Langsam geht die goldene Sonnenkugel auf der einen Seite unter, und auf der anderen Seite erscheint majestätisch der Vollmond.

Die Luft ist klar, rein, bitterkalt. Bei unserer Abfahrt zeigte das Thermometer schon satte minus 26 Grad. Aber wenn meine Wahrnehmung mich nicht täuscht, kann man gut noch ein paar Minusgrade dazupacken. Dick eingemummelt stehe ich auf dem Schlitten und erlebe mit klopfendem Herzen meine erste Ausfahrt, von der ich jetzt schon spüre, dass sie mein Leben verändern wird.

***

Die Hütte liegt einsam neben dem Jänisvaara-Hügel. Wir sind die letzten zwei Stunden im Dunkeln unterwegs gewesen, und ich bin trotz der guten Ausrüstung ziemlich durchgefroren. Als wir langsam unsere Schlitten ausgleiten lassen, bin ich selig, aber auch erschöpft, müde und hungrig. Samu hat uns schon bei einem kurzen Zwischenstopp eingebläut: »Dogs first!« Das heißt, bevor wir uns in der kuschelig warmen Hütte erholen können, werden die

Tiere versorgt. Wir binden sie aus dem Geschirr, legen ihnen mitgebrachtes Stroh in den Schnee und bereiten ihr Nachtmahl vor: gefrorenes Rentierfleisch, das wir über einem Feuer auftauen. Die Tiere sind müde, aber zufrieden und warten ungeduldig auf das wirklich verdiente Futter. Ich setze mich zu jedem meiner Hunde in den Schnee, streichele und knuddele ihn und sage Danke, dass sie mich so gut und sicher hergebracht haben. Bei Remo bleibe ich etwas länger, streichele seinen Kopf, seine spitzen Ohren, die bestimmt entkräfteten Beine.

Ich bin ein großer Tierfreund, habe zu Hause Katzen gehabt und immer mit den Hunden meiner Freundinnen gespielt, aber diese Huskys sind mit meinen Haustieren nicht vergleichbar. Sie sind fleißig, ausdauernd, Kraftmaschinen und dazu unheimlich lieb und anhänglich. Ich habe das Gefühl, Remo liebt mich, und das, obwohl wir uns gerade erst ein paar Stunden kennen. Vielleicht ist es das gemeinsame Erlebnis, das Mensch und Hund so eng zusammenschweißt. Oder die Ausschließlichkeit in der Einsamkeit. Hier oben gibt es wenig außer Natur, und man konzentriert sich vermutlich besonders auf die Tiere, mit denen man eng zusammenlebt.

Ich streichele Remo jetzt hinter dem Ohr. Dort mag er es offensichtlich am liebsten. Und er leckt meine Hand. Wir sind ein Team.

Später, als die Hunde versorgt sind und die ersten bereits die Augen geschlossen haben und selig wegschlummern, sitzen wir alle zusammen in der gemütlichen Hütte.

Samu hat leckeres Essen vorbereitet. Es gibt finnisches Kalakukko, eine mit Fisch gefüllte Pastete, Lihapullat, das sind finnische Fleischbällchen mit Kartoffelbrei, als Nachtisch Pullas, mit Mandeln bestreute Zimtschnecken, und anschließend statt des legendären Salmiakkis, den wir schon gestern ausgiebig kennengelernt haben, einen »Kossu«, finnischen Wodka, und auch den nicht zu knapp.

Die Enge, die vertraute Stimmung, der Alkohol, all das macht gesprächig. Johannes erzählt von seiner gescheiterten Ehe, und dass ihn die Reise auf andere Gedanken bringen soll, und Peter meint, dass er dringend diese Auszeit in der Stille braucht, weil er beruflich so erfolgreich war und sich wieder erden muss. Ulf möchte einfach mal etwas Verrücktes tun und träumt davon, auch in der Schweiz mit Hundeschlitten herumzufahren. Mark beichtet seine Prüfungsangst und hofft, dass ihn die Tour davon ablenken kann.

Ich erzähle nichts, zumindest nichts Persönliches. Ich wüsste auch nicht, was. Dass mich der Hauch eines Zweifels plagt? Oder dass ich nicht weiß, was ich will? Das ist kein Gespräch wert.

Später, als die anderen auf ihren Lagern in die Schlafsäcke rutschen, zieht es mich noch einmal nach draußen. Ich kann noch nicht schlafen und bin neugierig auf einen Moment allein unter freiem Himmel. Gut, die Kälte macht es beschwerlich und Samu hat verboten, dass wir uns von der Hütte entfernen. Außerdem müssen wir uns bei ihm abmelden.

»Okay, bleibe aber in unmittelbarer Nähe«, sagt er eindringlich zu mir, als ich ihm von meinem Wunsch erzähle, noch einmal hinauszugehen.

»Klar, ich setze mich nur auf die Bank hinter dem Haus und zähle die Sterne.«

»Hui, da hast du dir ja etwas Großes vorgenommen«, witzelt er. »Kein Problem! Aber sag mal, geht es dir gut? Du warst so still!«

»Ja klar, ich bin nur so berührt.«

»Von dieser Tour? Das höre ich oft. Es ist hier ganz anders als bei euch zu Hause.«

»Oh ja«, stimme ich zu und schlüpfe dabei schon in die Thermosachen. »Es ist, als hätte ich meinen Planeten verlassen und wäre auf einem neuen gelandet. Unglaublich, dass dieser Planet nur ein paar Flugstunden entfernt ist.«

Ich nicke Samu noch zu. Er räumt ein paar Sachen weg, während ich vorsichtig die Tür öffne und nach draußen schlüpfe. Die Winterkälte ist wie eine scharfkantige Wand. Samu hat uns erklärt, dass wir anders atmen sollen, als wir es gewöhnt sind. Flacher und durch den Mund. Die Atmung durch die Nase hat zwar den Vorteil, dass die Luft erwärmt wird, jedoch bekommen wir dabei zu wenig Sauerstoff. Um die Lungen bei der Mundatmung nicht zu schädigen, können wir Kälteschutzmasken nehmen oder zumindest ein Tuch vor dem Mund nutzen.

Ich binde meinen Schal bis knapp unter die Augen und bemühe mich, seine Atemtipps umzusetzen. Dick eingemummelt wie das berühmte Michelin-Männchen stapfte ich durch den fast kniehohen Schnee auf die Rückseite der Hütte. Die Hunde schlafen friedlich, und ich achte bewusst darauf, Geräusche zu vermeiden, um sie nicht unnötig aufzuschrecken. Mit meinen dicken Handschuhen wische ich an einer kleinen Stelle den Schnee von der Bank, mache es mir bequem und lehne mich ganz entspannt an die Holzwand. Die Stimmung ist gigantisch. Das Mondlicht wird vom schimmernden weißen Schnee reflektiert, und es ist überhaupt nicht dunkel, eher ein Dämmerlicht, in dem man die Umrisse der Bäume und des Gebirges erkennt. Ich lehne den Kopf zurück, atme flach die eiskalte Luft ein und genieße, dass ich hier sein darf.

Mich umgibt eine ungeahnte Stille. Gut, auch in den Alpen gibt es die. Aber hier oben in Lappland, da weiß ich, dass mich weit und breit nichts als Einsamkeit umgibt. Es gibt keine Seilbahnstation und keine Gebirgshütte, keine Alm und kein Gehöft. Nichts. Mich umgibt nur quasi grenzenlose Natur, so weit das Auge reicht und noch ganz viel darüber hinaus, und das in jeder Richtung. Das ist ein ganz neues und ungeheuer fesselndes Gefühl. Und dann passiert es. Ich erlebe, wovon wohl jeder Skandinavien-Reisende träumt: Ich werde Zeuge eines ungewöhnlichen Lichtphänomens. Es ist wie ein Feuerwerk an Farben und so unwirklich beeindruckend, dass ich förmlich atemlos bin. Der Himmel funkelt wie ein kostbarer Saphir, bis sich auch Dunkelrot und Blau dazumischen und ein Violett entsteht, das mich an den Farbkasten meiner Schulzeit erinnert. Der weiße Glitzerschnee reflektiert das Lichtspektakel, und es ist plötzlich wieder fast taghell. Es ist eine Farbenshow, wie ich sie nie für möglich gehalten hätte. Es sieht aus wie in einem Hollywoodfilm, und man könnte meinen, gleich komme der Abspann von Metro-Goldwyn-Mayer, aber das ist nichts, was sich Drehbuchautoren und Special-Effects-Fachleute ausgedacht haben: Das hier ist ganz einfach Natur, eine Natur, die mich atemlos macht. Minutenlang starre ich in dieses Bild, in dem langsam der goldfarben schillernde Mond auftaucht und allem einen noch unwirklicheren Schimmer gibt. Der Himmel lodert unwirklich, fantastisch, und ich weiß, dass sich diese Bilder einbrennen und ich sie nie mehr vergessen werde.

»Gratuliere! Darauf warten viele Reisende jahrelang!« Samu steht vor mir. Ich habe ihn gar nicht kommen hören.

»Offenbar meint es der liebe Gott gut mit mir und präsentiert mir dieses Schauspiel aus der Zauberkiste.«

»Vielleicht ein verspätetes Weihnachtsgeschenk?«, mutmaßt er.

»Machst du dir Sorgen um mich?«, frage ich lächelnd.

»Sorgen nicht, aber ein bisschen Gedanken schon. Immerhin möchte ich euch alle wieder wohlbehalten zurückbringen.«

»Das ist lieb«, antworte ich. »Komm doch her«, sage ich dann und schiebe mit der Hand einen kleinen Schneeberg von der Bank, damit er Platz hat, sich zu setzen. »Du musst rundherum glücklich sein, in dieser Natur leben zu können.« Ich sehe ihn neugierig an.

Samu nickt. »Oh ja, das bin ich auch. Meine Familie lebt seit Generationen hier. Es ist meine Heimat, und ich finde das alles wunderschön.«

»Das merkt man dir an, Samu. Du wirkst so zufrieden, so authentisch, weil du liebst, was du tust!«

»Ist es bei dir anders? Liebst du nicht, was du tust?«

»Doch«, sage ich, weiß aber nicht, ob es auch stimmt. »Ich glaube, man kann deine und meine Arbeit nicht vergleichen. Ich arbeite mit Zahlen und Kunden, und du bist eins mit der Natur. Bei dir ist die Seele dabei, und das ist ein Geschenk.«

»Die Seele? Ja, die Seele ist bei uns in Finnland immer dabei. Wir Finnen sagen: ›Wenn die Seele gesund ist, ist das Leben ein Spiel!‹«

»Das gefällt mir. Es ist so wahr.«

Ich höre ihm zu, stumm und ergriffen. Über mir ist der Himmel jetzt leuchtend grün gefärbt. Ich sitze bei nunmehr unvorstellbaren minus 32 Grad an eine Hütte gelehnt mitten in der Wildnis Lapplands und philosophiere darüber, was diese Abgeschiedenheit mit uns Menschen macht. Was passiert bloß mit mir?

»Wir Finnen sprechen auch viel von Sisu«, erzählt Samu weiter. »Bestimmt weißt du nicht, was es heißt?«

Ich schüttele den Kopf. »Richtig.«

»Es gibt keine Übersetzung in eine andere Sprache, zumindest kenne ich keine. Es ist so etwas wie eine innere Kraft, die es möglich macht, alle Reserven zu mobilisieren und sich allen Widrigkeiten entgegenzustellen. Das Wort hat für uns schon fast eine magische Bedeutung. Aber eigentlich ist es etwas ganz Einfaches, Unkompliziertes, man kann es nur schlecht erklären.«

»Es ist also Kraft, Ausdauer, Kampfgeist?«

»Ja, aber auch Mumm, Willensstärke, Unnachgiebigkeit. Weißt du, wir Finnen haben natürlich auch dafür ein Sprichwort, das es gut trifft.« Er zwinkert mir zu. »Wir sagen: ›Wir gehen sogar durch einen grauen Felsen!‹«

»Ich verstehe, du meinst, egal, wie aussichtslos etwas ist, man gibt nicht auf.«

»Ja, genau, wir geben nicht auf und versuchen auch, uns von Stress und Ängsten nicht kleinkriegen zu lassen.«

Ich bin auf der Suche und liebe es, neue Blickwinkel zu hören. Deshalb frage ich weiter nach. »Und was macht ihr anders?«

»Vielleicht passt Resilienz. Das Problem taucht auf, aber man gerät nicht in Panik, Hysterie und Verzweiflung. Angst darf dich nie dominieren, sondern du dominierst die Angst. Bei ›Sisu‹ hast du einen rationalen Zugang zu Problemen. Viele Schwierigkeiten lassen sich Schritt für Schritt lösen oder zumindest verbessern. Man braucht Zeit und Geduld. Auch das ist ›Sisu‹.«

Ich sauge Samus Sätze auf und bin fasziniert. Wenn er spricht, erscheint das Leben leicht und beschwingt.

»Das klingt ja wie ein Schlüssel zum Glück!«

»Zumindest ein Schlüssel zu einem besseren Umgang mit Problemen!« Er lächelt mich an. »Weißt du, Barbara. Sisu ist ein bisschen unsere Seele und auch die Seele des Landes. Sisu zeigt sich, wenn man Herausforderungen begegnet, und es hilft, sich den alltäglichen Hindernissen zu stellen. Und noch mehr hilft es, sich körperlich und geistig wohlzufühlen. Sisu ist unsere Grundlage für ein aktives, gesundes Leben.«

»Also doch ein Glücksrezept?«

»Im weitesten Sinne, ja. Sisu hilft, selbst gesteckte Ziele zu erreichen, und damit hilft es auch, glücklich zu werden, das stimmt schon. Sisu heißt auch, die Freude und den Spaß nicht zu verlieren. Weder bei extremen Wetterbedingungen noch bei Krankheiten oder finanziellen Problemen. Der Kopf bleibt oben und das Herz offen und fröhlich.«

»Du meinst, wenn man trotz Rückschlägen seinen Optimismus nicht verliert? Wenn man trotz Problemen weiter positiv denkt?«

»Ja, genau, Oberwasser behalten, das trifft es auch. Du hörst, ich eiere mächtig herum. Aber es ist so typisch finnisch und Ausländern schwer zu erklären.«

»Kann ich Sisu lernen?«

»Ja, klar. Wir haben es in uns. So wie man Gelassenheit und Willensstärke üben und trainieren kann, klappt das auch bei Sisu.«

»Was ist denn für dich Glück?«

»Wir Finnen gehören zu den glücklichsten Menschen der Welt. Luxus bedeutet den meisten nicht viel. Wir laufen nicht hinter Äußerlichkeiten, hinter Glanz und Geld her. Wir wissen, dass all das leer ist. Unser Glück ist eine unberührte Natur, in der wir Stille genießen. Unser Glück ist es, Zeit für uns zu haben und für die Familie und die, mit denen wir gern zusammen sind. Einfach da sein, dort, wo wir uns gerade aufhalten, und das mit allen Sinnen genießen, das macht uns glücklich.«

»Das Leben im Hier und Jetzt, das raten uns auch die Buddhisten«, werfe ich ein.

»Ich glaube, das sagen alle Menschen rund um den Erdball, wir hören nur nicht mehr zu. Aber wenn ich deine rote Nasenspitze sehe, sollten wir morgen weitersprechen. Ich glaube, ich schicke dich jetzt ins Bett.«

Ich nicke, und als ich Augenblicke später in meinen Schlafsack rutsche, habe ich mehr gelernt als im ganzen vergangenen Jahr.

»Von der Wurzel her besteigt man den Baum«, hat Samu mir noch gesagt. Ich bin auf einem neuen, aber einem richtigen Weg.

***

»Hei, ich bin Antti, Samus Vater!«

Ein kleiner, sehr kräftiger Mann um die 70 mit weißblondem Bart und nahezu ebenso strahlend blauen Augen wie Samu ist gerade mit einem imposanten Motorschlitten auf die Lodge gesaust. Jetzt bringt er das Gefährt neben mir zum Stehen und plaudert fröhlich drauflos. »Langsam haben wir genug Schnee. Es reicht«, sagt er. »Wie heißt du?«

»Barbara.«

»Und wo kommst du her?«

»Ich bin Schweizerin.«

»Das dachte ich mir schon, dass du irgendwo aus den Alpen kommst. Ich habe dich bei Tourbeginn mit dem Schlitten losfahren sehen. Du machst das gut, wirklich. Man merkt, dass du dich mit Schnee auskennst.«

»Oh ja, das stimmt wirklich. Der Schnee wird uns Schweizern in die Wiege gelegt.«

»Dann haben wir Finnen und ihr Schweizer da schon mal etwas gemeinsam. Schön, dass du da bist.«

Antti parkt sein Gefährt vor einem Schuppen, steigt ab und begrüßt jetzt jeden Einzelnen aus unserer Gruppe mit Handschlag und ein paar netten Worten.

Ich lächele und bin fasziniert. Diese Offenheit und Wärme hier oben im hohen Norden ist speziell. Man fühlt sich sofort angenommen, geachtet, wertgeschätzt. Mittlerweile kennen wir die ganze Familie. Samu und seine Frau Siiri, die mit den beiden Kindern Ella und Niklas hier fest leben. Die Kinder hatten heute keine Schule und haben uns Gäste bereits fröhlich plappernd begrüßt. Nun lernen wir auch Samus Eltern kennen, Antti und seine Frau Vilma, die jetzt aus dem Haus kommt, um uns Hallo zu sagen. Ich erfahre, dass die beiden in einer Art Weiler, bestehend aus zwölf Häusern, leben, circa fünf Kilometer entfernt. Sie kommen täglich. Vilma habe ich bereits einmal in der Küche gesehen. Sie betreut offenbar die Kinder. Antti, der heute zum ersten Mal da ist, hilft bei technischen Dingen, wie er erzählt.

Unsere Gruppe ist nur noch kurz hier. Nach einer wunderbaren Viertagestour müssen wir gleich Adieu sagen. Wir haben noch eine Übernachtung im Hotel, und morgen geht es zeitig Richtung Heimat.

Ich schiebe den Gedanken an die Abreise zur Seite und

freue mich, dass ich noch ein bisschen mit Antti plaudern kann, bevor ich den anderen ins Haus folge.

Siiri hat für uns in der Küche einen kleinen Abschiedslunch angerichtet. Es gibt finnischen Tee, etwas Gebäck und deftige Brote mit Käse, Tomate und Gurken. Wir sitzen zusammen, lachen, plaudern, erzählen uns die spannendsten Erfahrungen. Peter ist einmal vom Schlitten gefallen. Er hat bei einem Huckel das Lenkrad nicht fest genug gehalten, und – rums – ist er abgestürzt. Die Hunde sind allerdings weitergelaufen. Es war dann etwas turbulent. Wir mussten Peter aufsammeln, und Samu konnte die Tiere zum Glück erfolgreich stoppen. Mark hat sich den Rücken verhoben, als er seinen Schlitten frei schieben wollte, und den Rest der Tour etwas jammervoll durchgehalten. Aber insgesamt ist alles gut gegangen, und wir stecken voller unvergesslicher Momente.

Wir haben reichlich Rentiere gesehen und Mark sogar einen Elch, was uns alle sehr eifersüchtig macht. So ein riesengroßes Tier, das locker 300 Kilo wiegt, das wollten wir alle einmal erspähen. Dafür kann ich immerhin mit meinem Polarlicht punkten.

Insgesamt liegen herrliche Tage hinter uns, und wir sind Samu, unserem wunderbaren Musher, dankbar, dass er uns dieses Land und seine vielen Reize so eindrucksvoll präsentiert hat.

Bevor uns der Minibus am frühen Nachmittag zurück zum Hotel fährt, möchte ich mich noch von meinem treuen Remo verabschieden. Die Hunde sind alle wieder in ihren Hütten, haben gut gefuttert und dösen jetzt in der Dunkelheit. Ich laufe schnell zu ihm, und das Unfassbare passiert: Er hüpft sofort an mir hoch und schmiegt sich fest an mich. Ich nehme seinen Kopf in meine Hände, sehe ihm in die Augen und sage mit fester Stimme: »Wir sehen uns wieder, ganz bestimmt.«

Als ich mich von ihm löse, kullern die Tränen. Ich habe einen ganz besonderen Freund gewonnen.

* * *

»Unsere Maschine nach Zürich hat 30 Minuten Verspätung...« Johannes stellt mir die Kaffeetasse auf den Tisch und zuckt mit den Schultern. »Wir müssen uns noch ein bisschen die Zeit hier vertreiben.«

Unsere Truppe ist jetzt am Flughafen in Stockholm, und die Stimmung ist alles andere als fröhlich.

»Ich fühle mich von dem ganzen Trubel hier richtig erschlagen«, sage ich in die Runde. Mark nickt. »Diese Enge, dazu der Geräuschpegel. Das tut körperlich weh.«

Ich schließe die Augen und lausche. Mark hat recht. Stimmengewirr mixt sich mit dem Rattern von Rollkoffern. Nebenan wird eine Ladentür aufgeschoben. Hinter mir surrt ein Kaffeeautomat. Aus den Lautsprechern dröhnen ständig Durchsagen. Zwei Kinder spielen ausgelassen miteinander, und im Pizzarestaurant dudeln italienische Schlager. Was für ein Unterschied! Ein paar Tage lang hatten wir zumindest stundenweise absolute Stille, nichts als Stille, und dazu diese grenzenlose Weite mit Blicken bis zum Horizont.

Ich öffne die Augen und sehe Menschen und die Wand des kleinen Bistros, in dem wir eng zusammensitzen.

»Ich habe Angst vor dem, was heute noch alles auf uns einprasseln wird«, sage ich leise und weiß, dass ich bedrückt wirke.

»Ich auch, und ich weiß gar nicht, ob ich das alles zu Hause noch will!«, meint Ulf plötzlich. »Diese Reise hat mich verändert. Es ist komisch, aber das hier oben stellt ganz viel infrage. Rückblickend muss ich sagen, es ist eine Chance, hierherzukommen, aber auch eine Gefahr. Was ist denn, wenn man sich im alten Leben nicht mehr zurechtfindet? Muss man sich vorher überlegen, ob man das Risiko eingehen will?«

»Mich hat niemand gewarnt«, sage ich. »Das wäre besser gewesen.«

»Aber wärst du dann nicht gekommen?«, fragt Peter jetzt.

Ich zucke mit den Schultern. »Keine Ahnung. Ich weiß sowieso nicht mehr, was mit mir los ist.«

Und kaum habe ich den Satz ausgesprochen, spüre ich warme Tränen auf meinen Wangen. Ich bin innerlich so erschüttert von diesem Wechsel zwischen den Welten, dass sich der Druck in Tränen entlädt. Und dann sehe ich, was ich nie für möglich gehalten hätte. Auch Ulfs und Marks Augen schimmern feucht, und beiden ist es egal, dass sie mitten im Stockholmer Flughafen ihren Emotionen freien Lauf lassen. Wir sitzen am Tisch und heulen den vergangenen Tagen hinterher. Es war nicht nur eine Reise, ein Urlaub, es war eine Erfahrung, und ich fürchte, dass sie mich nie mehr loslassen wird.

»Ich komme wieder? Und ihr?«

Alle nicken. Ich bin neugierig, was dieser Schwur wert ist.

Im Flieger nehme ich mir vor, mit Micha darüber zu sprechen. Er wollte doch so gern, dass wir noch gemeinsam in die Ferien fahren. Ich werde ihm vorschlagen, nach Finnland zu fahren.

KAPITEL 4

»Was ist denn eigentlich los?«

Ich sitze mit Micha im Auto und merke selber, dass ich mehr als einsilbig bin. Soeben habe ich mich am Gepäckband im Züricher Flughafen mit vielen Umarmungen von der Truppe verabschiedet. Es fiel uns allen spürbar schwer, auseinanderzugehen. Danach ging es eilig ins Foyer, wo Micha mich schon ungeduldig erwartete. Er hatte meine Lieblingsschokolade in der Hand, umarmte mich fest und flüsterte mir liebevoll »Ich habe dich vermisst« ins Ohr.

Ich hätte ihm so gern »Ich dich auch« geantwortet, aber ich konnte es nicht. Denn ich habe ihn nicht vermisst. Nicht, weil er mir nichts bedeutet, sondern weil in mir kein Raum mehr war, irgendjemanden oder irgendetwas zu vermissen. Ich war in dieser Landschaft am Polarkreis innerlich satt und ausgefüllt. Ich brauchte nichts mehr.

Jetzt fahren wir in seinem Wagen die eineinhalb Stunden nach Hause, und ich starre nur teilnahmslos aus dem Fenster.

»Nun erzähl doch mal«, fragt mich Micha nun schon zum bestimmt fünften Mal, aber ich habe keine Lust zu erzählen und bleibe stumm. In meinem Kopf drehen sich die schönsten Bilder. Ich sehe Remo vor mir und seine hellbraunen Kulleraugen. Ich sehe die so eifrig im Schnee rotierenden Hundebeine meines Teams, sehe Weite und höre nichts, bis auf Michas Fragen.

»Also ich verstehe so langsam nichts mehr. Du bist wie ausgewechselt. Was ist denn da oben passiert?«

Plötzlich tut mir Micha leid. Womöglich denkt er, ich hätte mich in jemand anderen verliebt. Aber das ist Unsinn, und ich will ihm das schwere Gefühl nehmen.

»Alles gut«, sage ich und lege meine Hand auf seinen Schenkel, um mit dieser vertrauten Geste etwas Ruhe in unser Miteinander zu bringen.

»Wir reden morgen. Ich bin einfach nur müde, okay?«

Micha streichelt kurz meine Hand und nickt.

Mein Plan geht auf. Den Rest der Fahrt sitzen wir zwar nach wie vor schweigend, aber friedlich nebeneinander.

Doch zu Hause kehrt die Missstimmung zurück.

Micha bereitet uns einen Snack vor und öffnet eine Flasche Wein. »So, jetzt machen wir es uns gemütlich. Nun erzähl doch mal in Ruhe, was du erlebt hast.«

Ich sehe ihn an, ratlos, überrumpelt, irgendwie verständnislos. Und dann passiert etwas nie Dagewesenes. Statt ihm eine Antwort zu geben, beginne ich zu weinen. Wie auf dem Stockholmer Flughafen heute Nachmittag laufen mir bei der Erinnerung an die vergangenen Tage plötzlich Tränen über das Gesicht. Micha ist geschockt. Irritiert nippt er an seinem Wein, murmelt: »Muss ich das alles hier verstehen?«

Ich schüttele den Kopf und versuche mir die Tränen wegzuwischen, kann aber die ganze Flut nicht stoppen. »Nein, das musst du wirklich nicht. Ich verstehe mich ja selber nicht. Ach, Micha, ich bin ganz durcheinander.«

»Aber warum denn?«

»Es war so ergreifend, verstehst du«, schluchze ich. »Diese Einsamkeit, diese Weite, das alles hat etwas in mir ausgelöst, aber ich weiß nicht, was. Es war einfach nur so schön, so stimmig, so passend. Ich habe das Gefühl, ich bin dort oben im Schnee endlich an meinem innersten Kern gelandet.«

Er greift zu einer der belegten Toastscheiben, die er liebevoll für uns angerichtet hat, und sieht mich ratlos an. »Innerster Kern? Was meinst du damit?«

»Ich meine, ich war ich, authentisch, unverfälscht, ich hatte das Gefühl, an dem Platz auf dieser Welt zu sein, an den ich gehöre. Ich fühlte mich von der Einsamkeit aufgesogen, war wie ein Teil von ihr. Ich habe Kraft gespürt, wie schon lange nicht mehr, ach was, wie vielleicht noch nie in meinem Leben.«

Meine Sätze überschlagen sich. Ich bin so aufgelöst, dass ich erzähle und erzähle, auch weil ich merke, dass mich Micha bei meinem Redefluss immer weniger versteht und ich mich unbedingt erklären möchte.

Er nippt noch einmal an seinem Glas und steht dann abrupt auf. »Ich glaube, ich lege mich hin. Ich muss ja morgen wieder zeitig los.«

Ich sehe ihm ungläubig nach, wie er im Bad verschwindet, und weine weiter stumm vor mich hin.

* * *

Wir haben keinen normalen Krach, nein, mittlerweile hängt der Haussegen schon bedrohlich schief. Seit drei Tagen bin ich zurück in der Schweiz, und Micha und ich streiten nur noch. Ruhig atmen, geduldig sein, das Positive sehen. Die von Samu aufgezählten Sisu-Regeln bringen im Moment nichts. Mir fehlt jede Gelassenheit.

Ja, ich bin gereizt und zickig, und Micha facht mein inneres Feuer mit seinen ständigen Fragen nur noch weiter an. »Was hast du?«, »Was ist los mit dir?«, »Was ist passiert?« – ich kann es nicht mehr hören. Obwohl ich sein andauerndes Nachfragen verstehe, weil ich mich wirklich ungewöhnlich verhalte und auf Micha richtig abweisend reagiere. Ich bin so eingebettet in meine Gedanken, dass ich keine Lust habe, andere daran teilhaben zu lassen, auch nicht meinen Partner. Ich weiß, dass das nicht fair ist, und fühle mich deshalb noch zusätzlich schlecht.

Wenigstens weiß ich, warum ich mich so verhalte: Ich stecke inmitten eines kreativen Prozesses. In mir arbeitet es gewaltig. Gedanken und Bilder drehen sich unaufhörlich in meinem Kopf, und ich weiß nicht, wie ich meine ungewöhnliche Gefühlslage einordnen soll. Alles gärt, brodelt, wächst und entwickelt sich in mir, aber es gibt noch kein Ganzes, und ich möchte nicht darüber sprechen, bevor ich nicht weiß, wie das Ganze aussehen wird.

Bis dahin ziehe ich mich zurück, weine, weiß nicht so richtig, wohin mit mir.

Das weiß ich allerdings drei Tage später. Wir sitzen zusammen vor dem Fernseher, sehen aber gar nicht hin. Die Bilder und Töne sind nur eine Kulisse. Sie rauschen vorbei und geben uns etwas Ruhe und Zeit, die schwierige Situation auszuhalten.

Micha steht plötzlich auf und holt die angebrochene Flasche Wein von unserem misslungenen Begrüßungsabend aus der Küche. Er will ein versöhnliches Zeichen setzen, und ich schäme mich, dass ich ihm mit meinem Verhalten so zusetze. Er ist richtig verunsichert. Das muss ich ändern, denke ich, und will noch einmal versuchen, in Worte zu fassen, was in mir tobt. Ehrlich, offen, so wie es dieser wunderbare Mann verdient hat.

»Ich kann so nicht weitermachen«, sage ich in die quälende Stimmung und weiß, dass ich damit jetzt eine Bombe platzen lasse, hoffe aber, dass uns beide die Direktheit weiterbringt.

Micha bleibt mit der Flasche in der Hand abrupt stehen, sieht mich überrumpelt an. »Was heißt das? Was kannst du nicht weitermachen?«

Er setzt sich wieder zu mir auf das Sofa, stellt die Flasche auf dem Tischchen vor uns ab und sieht mich erwartungsvoll an. »Und?«, fragt er leise, mit stockender Stimme.

»Ich will ein anderes Leben. Seitdem ich in Lappland war, fühle ich mich hier, in meinem jetzigen Leben, nicht mehr wohl.«

»Gibt es also doch einen anderen Mann? Hast du dich verliebt?«, fragt er spontan.

»Ach Quatsch, das ist es nicht. Es ist die Weite, die Stille, die Einsamkeit. Ich kann es nur so sagen: Ich dachte dort oben, das ist es, hier gehöre ich hin.«

»Wohin? In die Wildnis? Wir leben doch hier auch nicht gerade wie am Münsterhof in Zürich. Unser Ort hat 600 Einwohner. Was soll das?«

»Die ganze Zeit hast du mich gefragt, was los ist«, maule ich jetzt. »Und wenn ich es dir sage, nimmst du es nicht ernst. Was bringt es denn? Dann brauchen wir gar nicht mehr zu sprechen.«

»Ja, das denke ich auch. Meine Partnerin sagt mir, dass sie nicht mehr mit mir zusammen sein will, und ich soll mich ganz in Ruhe mit ihr auseinandersetzen. Barbara, das ist etwas viel verlangt!« Micha springt auf und rennt unruhig hin und her. »Apropos ernst nehmen. Dann erzähl doch mal. Du willst also nach Lappland ziehen. Und was wird aus uns?«

»Ich will uns doch gar nicht infrage stellen. Ich will auch nicht nach Lappland ziehen«, versuche ich die Situation zu entschärfen. »Ich will dir doch nur sagen, was los ist. Ich habe in den letzten Tagen viel nachgedacht, das hast du ja gemerkt. Aber es ist auch etwas dabei herausgekommen. Ich möchte eine Saison in der Wildnis mit den Hunden verbringen und Zeit für mich haben.« Ich atme tief ein, suche nach stimmigen Worten. »Weißt du, was ist, das passt nicht mehr zu mir. Aber was sein soll, das weiß ich noch nicht. Ich brauche einfach Zeit, und dort oben kann ich am besten nachdenken.«

»Und ich sitze hier und sehe zu, wie du dich findest? Vergiss es!« Micha schüttelt erzürnt den Kopf. »Ich bin nicht dafür geeignet, hier auszuharren und abzuwarten.«

»Aber du könntest auch wollen, dass es mir gut geht und ich herausfinde, was ich mir wirklich wünsche. Was spricht denn dagegen?«

»Nichts, sofern wir zusammen planen. Aber du erzählst mir, dass *du* in die Wildnis willst.«

»Für ein paar Wochen, Mensch Micha, verdreh doch nicht alles.«

Ich atme wieder tief durch und denke an Sisu. Ruhig bleiben! Die letzten zwei Tage habe ich viel gelesen. Ich möchte wirklich nicht unbedingt nach Lappland. Ich möchte nur dorthin, wo es diese Weite und Einsamkeit gibt und eben Hundeschlitten. Darum geht es. Um diese Kombination.

»Ich könnte nach Alaska gehen, an den Herd des Ganzen. Dort gibt es auch alles, was ich mir erträume.«

»Alaska?«, fragt Micha ungläubig und schüttelt schon wieder irritiert den Kopf. »Was willst du denn dort machen? Urlaub?«

»Nein, nein, ich will keinen Urlaub, ich will irgendetwas arbeiten, vielleicht kann ich als Musherin arbeiten.«

»Und den Job? Du hast einen super Arbeitsplatz.«

»Ich versuche, eine Auszeit zu bekommen. Ich muss mit meinem Chef sprechen. Wenn er nicht einverstanden ist, höre ich auf.«

Das war zu viel. Ich komme nicht mehr dazu, auszureden und zu erklären, was ich vorhabe. Micha ist so sauer, dass er seine Jacke schnappt und wütend aus dem Haus läuft.

Ich bin traurig, aber auch erleichtert, dass alles ausgesprochen ist. Etwas in mir sagt, dass ich diesen für andere ungewöhnlichen Schritt gehen muss, denn ich fühle mich gut mit der Vorstellung, demnächst allein mit einem vierbeinigen Team durch Alaska zu sausen. Aber es belastet mich, dass meine Ideen Micha verletzen. Ich mag nicht, dass ich so hart und rücksichtslos auf ihn wirke.

»Das tust du wirklich«, bestätigt dann auch noch Käthi am Abend mein zunehmend schlechtes Gewissen, als ich ihr am Telefon erzähle, was bei uns gerade abläuft. »Du schlägst ganz schön aus im Moment. Mutti hat mich schon traurig angerufen. Sie versteht das auch alles nicht. Vergiss nicht, dass wir dich ganz anders kennen. Immer lieb und rücksichtsvoll, und jetzt willst du plötzlich unbedingt etwas ausleben.«

»Ich weiß«, pflichte ich ihr bei. Ich merke ja selber, dass ich von der Rolle bin und ziemlich rücksichtslos rüberkomme. Dabei möchte ich das am allerwenigsten.

»Ich fühle mich doch selber überrumpelt, Käthi. Ich habe nicht damit gerechnet, dass mich diese eine Woche in Lappland so von den Schienen werfen wird. Ich entschuldige mich bei allen, wenn ich ihnen wehtun sollte. Ich will das nicht.«

»Was willst du denn? Außer nach Alaska?«

»Ich kann es nicht sagen, Käthi. Ich spüre nur, was ich brauche: das Alleinsein in so einem menschenleeren Landstrich. Du musst dir das vorstellen. Du könntest Hunderte von Kilometern geradeaus in dieser Stille fahren und wärest immer noch allein. Das ist spannend und verrückt, berührend und fesselnd. Ich muss das noch einmal haben, unbedingt, anders kann ich nicht weitermachen.«

Ich hole tief Luft, weil ich so schnell spreche. Aber es tut mir gut, in Worte zu fassen, was in mir tobt.

»Mein ganzes Leben habe ich mich häufig wie eine Fehlbesetzung gefühlt und wusste nie, warum. Jetzt bin ich der Wahrheit zumindest auf der Spur. Ich glaube, ich stecke im falschen Leben. Ich habe in meinem jetzigen zu viel von zu vielem. Ich muss abspecken und fange erst einmal mit der Hektik an. Ständig klingelt das Telefon, ständig will jemand etwas von mir. Mir ist das zu viel, und ich brauche zumindest eine Pause davon, so eine Pause, wie ich sie gerade plane.«

Als wir auflegen, weiß ich, dass ich auch Käthi überfordere. Irgendwie kommt niemand mehr mit mir zurecht.

Micha allerdings am allerwenigsten. In den nächsten Tagen gehen unsere Unstimmigkeiten weiter. Ich plane immer konkreter, was ich jetzt machen möchte, und Micha wird immer stiller und trauriger, weil er das alles nicht will. Zwischendurch vergessen wir die Schwierigkeiten, liegen uns auch mal in den Armen, sind sogar glücklich zusammen. Wir lachen, albern, wandern miteinander, fühlen uns wohl und vertraut, fast so wie früher. Ich glaube, dass Micha denkt, es wäre alles nur eine Phase, eine kurze Lebenskrise, die er aussitzen kann.

Es ist aber keine Phase, das spüre ich und nehme es entsprechend ernst. Sowie ich aus dem Büro komme, ziehe ich mich zurück, verschlinge Bücher über Alaska und Schlittenhunde, sehe mir Filme an, informiere mich über die Musher-Ausbildung, und irgendwann wage ich es: Ich bewerbe mich um einen Arbeitsplatz auf einer Lodge im Yukon, die ich mir aus dem Internet heraussuche. Die Antwort kommt prompt. Ich bekomme eine Zusage.

Als ich Micha das beim Abendessen vorsichtig beichte, setzt er mir umgehend die Pistole auf die Brust.

»Du musst dich entscheiden. Ich oder dieser Job!«, wütet er, sichtbar überrumpelt von meiner Entschlossenheit, und ich weiß keine Antwort. Ich will keine Trennung, aber ich kann auch nicht bleiben. Warum versteht er das nicht? Es geht doch nicht um ihn. Es geht um mich. Ich brauche das. Ich muss nach Alaska, in diese Weite, diese Einsamkeit. Vielleicht ist es nicht klug, vielleicht gefährde ich meine Beziehung und meine Karriere, aber ich muss dorthin. Ich muss zurück in diese Stimmung zwischen Hunden, Schnee und Stille, dorthin, wo ich Gefühle hatte, wie noch nie zuvor. Wie ernst es mir ist, erkennt man allein schon daran, dass ich wirklich bereit bin, meinen Job dafür aufzugeben. Denn eine Auszeit gibt es nicht, mein Chef spielt nicht mit.

Und wieder zischt Micha: »Du musst dich entscheiden!«

Eigentlich will ich nicht darauf antworten. Warum? Was soll das? Aber dann spreche ich aus, was offenbar zwischen uns steht.

Erst jetzt erkennt Micha den Ernst der Lage und versucht an einem Abend noch ein letztes, ruhiges Gespräch. Er appelliert an mich, dass ich gerade einen tollen Job habe und ich mir sehr gut überlegen solle, ihn aufzugeben. Ich weiß, dass er recht hat. Keine Frage. Aber der innere Drang, zurück in dieses Leben zu kommen, in das ich mich so verliebt habe, ist stärker als alles andere. Ich kann mir viele Argumente aufsagen. Sie reichen nicht. Es geht nur um ein paar Wochen, und ich möchte weg.

Noch in der Nacht, als Micha schon zu Bett gegangen ist, setze ich mich an den PC und schreibe meiner Firma die Kündigung.

* * *

Der Flug ist gebucht. Am 1. Oktober, knapp neun Monate nach meiner Lappland-Reise, werde ich in der Swiss-Air-Maschine nach Anchorage sitzen. Ich möchte bis Februar bleiben und danach sehen, wie es für mich beruflich weitergeht. Vielleicht gehe ich ins Marketing zurück, vielleicht versuche ich etwas ganz anderes. Ich mache mir jetzt keine Gedanken darüber. Im Moment ist alles offen, und das ist ein wunderbares Gefühl.

Nur mein Privatleben passt nicht zu meiner Freude. Der Streit mit Micha wird immer quälender. Er liebt mich und will mich nicht verlieren und versteht nicht, dass ich das auch nicht will. Ich bitte ihn, mich in Alaska zu besuchen, aber darauf geht er nicht ein. Er will mir meine Idee ausreden, ich wehre ihn ab, und prompt haben wir Streit. Dadurch fühlt sich alles nicht gut an.

Ich brauche Planungssicherheit, und die Lösung kommt mir nachts in den Kopf, als ich grübelnd im Bett liege. Wenn ich jetzt noch einmal zu Samu nach Finnland kommen kann, hilft mir das bestimmt, Klarheit zu gewinnen, ob ich den großen Sprung im Herbst wirklich wagen möchte. Ich muss noch sechs Monate arbeiten, habe aber noch zwei Wochen Resturlaub. Die könnte ich in Finnland verbringen und sehen, ob ich auf der richtigen Spur bin. Zwei Wochen ›Alaska light‹, das ist es. Gleich am Morgen rufe ich Samu auf der Lodge an und frage, ob er eine Mitarbeiterin braucht.

Samu sagt sofort zu.

»Wir können immer Unterstützung hier oben gebrauchen«, meint er spontan und scheint sich auch wirklich auf meinen Besuch zu freuen. Ich bin glücklich. Micha wirkt zumindest zufrieden. Ich glaube, für ihn ist es der richtige Kompromiss. Zwei Wochen Ferienjob hört sich erst einmal besser an als ein monatelanges Abenteuer in Alaska.

Und so sitze ich, keine zwei Monate nach meiner Rückkehr aus Finnland, wieder im Flieger Richtung Rovaniemi. Es ist März 1996. Aber dieses Mal ist es nicht nur Urlaub, ich fühle mich, als ob ich nach Hause fliege.

* * *

Am Flughafen wartet Antti auf mich und begrüßt mich mit einem festen Händedruck. Dabei sieht er mir freundlich und warm in die Augen. Ich mag diese Art, wie Finnen »Hallo« sagen: Sich beim Händeschütteln in die Augen sehen, leicht nicken, das vermittelt Gesehenwerden und Respekt. Ich fühle mich wirklich willkommen. Das tut gut!

Als wir mit dem Geländewagen auf die Lodge kommen, laufe ich als Erstes zu Remo, und mein Herz hüpft vor Freude, weil er mich sofort überschwänglich begrüßt. »Er erkennt dich, natürlich«, meint Antti lächelnd, als ich neben dem Hund hocke, ihn herze und streichele. Ich freue mich so sehr, ihn zu sehen und überhaupt wieder hier zu sein. Obwohl der Ablauf dieses Mal natürlich komplett anders ist. Ich bin keine Touristin, die in einem schönen Hotel wohnt und von allen verwöhnt wird. Ich bin eine Mitarbeiterin, eine Praktikantin, die etwas wegarbeiten soll. Dieses Mal wohne ich in einer winzigen Holzhütte mit einem circa zehn Quadratmeter großen Wohnraum, einem kleinen Bad und einer Küchenzeile. Karg, aber ausreichend, zumal ich einen Ausblick auf die herrlich verschneite Seenlandschaft habe und Remo auf meiner Terrasse schlafen darf.

Mein Tagesablauf ist geregelt. Ich reinige morgens die Zwinger und füttere die Tiere, danach helfe ich Vilma in der Küche. Denn Siiri, Samus Frau, hat ein Studium in der Stadt aufgenommen und ist unter der Woche gar nicht mehr auf der Farm. Deshalb kümmert sich Vilma um Haushalt und Kinder, und ich nehme ihr viel von der Hausarbeit ab, damit sie mehr Zeit für die Kleinen hat. Ich helfe aber auch Antti beim Holzhacken und bei Ausbesserungsarbeiten am Haus und lerne ganz viel von ihm, besonders was das Leben hier in dem für mich ungewohnten Klima anbelangt. Neben dem Kälteschal, den mir Samu schon auf unseren Touren ans Herz gelegt hat, rät er mir zu einem Stirnband unter der Mütze, um Zug zu vermeiden. Ich soll auch Socken und Handschuhe jeweils im Doppel tragen, die dünnen zuerst und darüber dickere. Insiderwissen.

Antti ist ein bisschen wie mein Vater, ein absoluter Naturexperte. Er weiß viel und rät viel. Ich höre ihm gern zu, wenn er erzählt und mir wichtige Ratschläge gibt.

»Wenn du dich verfährst, nimm immer denselben Weg zurück. Vermeide Abkürzungen. Zu riskant!«, legt er mir ans Herz. Und noch etwas hämmert er mir förmlich ein: In der Eiseskälte darf man niemals die Nerven verlieren.

»Unvorhergesehene Unfälle oder Reparaturen sind sicherlich gefährlich, wenn man diesen Temperaturen ausgeliefert ist, aber sie lassen sich meistern, sofern man ruhig und besonnen handelt.«

Gut gemeinte und wertvolle Tipps, genauso wie ich sie von meinem Vater bekommen habe, und so fühle ich mich auch in dieser Hinsicht heimisch und super wohl, weil alles passt.

Aber die Krönung jeden Tages sind die Ausfahrten, wenn ich mit Remo an der Spitze meines Teams auf dem Schlitten durch den Schnee gleiten kann. Da ich beim ersten Mal gut aufgepasst habe, nimmt mich Samu täglich mit auf die Touren mit den Gästen. Ich fahre wie schon im Januar meistens als Letzte, um die Gäste unter Kontrolle zu haben. Samu führt den Trupp an, und ich genieße jede Minute auf dem Hundeschlitten, als sei es die erste.

Man hört nichts als das Surren der Kufen, das Atmen der Tiere. Die Pfoten der Hunde sausen über den Schnee, und ihre Kraft und positive Energie überträgt sich auf mich. Meine Güte, ist das schön.

Abends essen wir meistens alle zusammen, reden und lachen, tauschen Erfahrungen aus und lösen Probleme, etwa wenn ein Gast zu spät absagt oder drei Buchungen auf einmal den Rahmen sprengen. Ich lebe den Alltag mit und erfahre viel über die Eigenarten der Finnen, zum Beispiel ihre Liebe zur Sauna.

»Wenn Schnaps, Teer und Sauna nicht helfen, dann ist

die Krankheit tödlich«, lacht Samu einmal und erklärt mir, wie wichtig den Finnen ihre Sauna ist.

»Der Ofen bollert, und wir sitzen bei Temperaturen um die 70 Grad und schwitzen, aber nicht nur das, wir reden auch dabei.«

»Ist es nicht nur, um den Körper zu reinigen?«

»Nein, das gemeinsame Schwitzen vermittelt Bindung. Für uns ist es soziales Leben. Man entblößt sich und kann im wahrsten Sinne des Wortes nichts verbergen und verheimlichen.«

»Man zeigt sich nackt und damit offen?«

»Genau. Wer mit dir in die Sauna geht, ist dein Freund. Wusstest du, dass Geschäfte bei uns in der Sauna gemacht werden?«

»Das stelle ich mir lustig vor, mit meinem Chef in der Sauna zu sitzen.«

»Ja, aber hier ist es Normalität. Man hat Zeit zum Reden und ist nackt. Das vermittelt Vertrauen.«

»Allerdings«, sage ich schmunzelnd. »Und? Gehen wir auch bald in die Sauna?«, provoziere ich jetzt.

Samu lächelt. »Jederzeit. Der Ofen ist schnell an, und abkühlen können wir uns im Schnee. Du wirst sehen, das tut gut.«

Er erzählt auch, dass viele Finnen Sommerhäuschen haben und einige Wochen im Jahr dort unter meist einfachsten Bedingungen leben. Sie finden ihr Glück unter freiem Himmel, genauso wie ich es auch liebe.

Ich bin immer begeisterter von dem Leben im Norden, aber auch von der Familie, die mich so offen und unbekümmert in ihr Leben lässt.

Sie kommen eigentlich aus dem Süden Finnlands und sind vor Generationen über ein Regierungsprogramm hier im kargen Norden gelandet. Samus Eltern haben den Hof, den Samu später übernommen hat, früher noch bewirtschaftet. Sie hatten Kühe. Samu ist gelernter Maschinenbauer, arbeitet heute immer noch im Wald bei der Baumfällung, hat sich aber in das Mushen verliebt und das Geschäft aufgebaut.

Er ist ganz anders als die Menschen in der Schweiz, aber in vielen Dingen genau wie ich. Konsum interessiert ihn nicht. Er weiß nicht, was im Trend ist und was nicht. Aber in etwas unterscheidet er sich und ist mir voraus: Er lebt, wie er es fühlt, und jeder Tag macht ihn glücklich. Genau das wünsche ich mir auch, und deshalb rede ich besonders gern mit ihm. Er spricht schnörkellos, direkt, und ich erhoffe mir Antworten auf die Frage, wie es mit mir weitergeht. Denn in mir tobt immer noch ein Kampf um meine Zukunft.

An einem Abend haben wir besonders viel Muße. Die Kinder schlafen, Antti und Vilma sind nach Hause gefahren, und es bleibt Zeit zu reden. Das Kaminfeuer prasselt. Wir trinken einen Wein, was absolut nicht üblich ist. Eigentlich hat Samu die Flasche für Gäste gekauft, aber da niemand danach gefragt hat, trinken wir sie nun gemeinsam.

»Was erwartest du vom Leben?«, will ich wissen und Samu zögert nicht mit der Antwort.

»Liebe! Zur Natur und zu den Menschen. Es geht doch um nichts anderes im Leben.«

»Aber es gibt so viel anderes«, werfe ich ein.

»Bei euch vielleicht. Ihr lasst euch ablenken, von ganz viel Schnickschnack, der ununterbrochen auf euch einprasselt, und verliert dabei das Wesentliche aus den Augen. Hier oben konzentrierst du dich aber auf das Wesentliche.«

»Du meinst die Liebe?«

»Ja, auch die Liebe zu sich selbst. Sieh mal, ich habe seit Jahren Gäste hier, und ich beobachte, wie sie ankommen. Viele sind mächtig unter Druck, nervös, unruhig. Sie erzählen von ihren tollen Jobs und den tollen Reisen, die sie gemacht haben, und wollen sich gegenseitig übertreffen. Immer höher und weiter.«

»Und? Ist es falsch, immer weiter zu wollen?«

Samu zuckt mit den Schultern. »Ich denke zumindest, dass es unruhig macht und auch unzufrieden. Sieh mal, es gibt ja keine Grenze. Du kannst immer mehr und immer schneller erreichen. Aber wann ist Schluss? Wann geht es denn nicht mehr weiter? Es gibt kein Ende. Kann das zufrieden machen?«

Ich nippe nachdenklich an meinem Wein. »Wenn du mir einen Rat geben müsstest, wie ich mein Leben führen sollte, was würdest du mir sagen?«, frage ich jetzt direkt.

»Ich kann dir keinen Rat geben«, sagt Samu. »Niemand weiß, was der andere braucht. Das kann man nur selber spüren.«

»Was brauchst du denn?«

»Wie ich dir schon bei deinem letzten Besuch gesagt habe: meine Familie und die Natur. Das ist es!«

»Und Geld, Komfort, ein schönes Auto?«

»Ja klar, von all dem möchte ich auch etwas haben, aber es ist letztlich nicht ausschlaggebend für mein Glück.«

»Und muss es diese Natur sein?«

»Du weißt ja, dass ich nur diese kenne, und für mich ist sie passend. Ich kann mir nicht vorstellen, wie es ist, ständig anderen Menschen zu begegnen. Mich würde das einengen, und ich wäre nicht mehr frei in meinem Kopf und in meinem Herzen, weil mich ständig jemand beziehungsweise etwas ablenken würde.«

»Du meinst, wenn du hier unterwegs bist, bist du bei dir?«

»Ja, es gibt ja keine Ablenkung. Ich bin bei mir, immer. Das ist herrlich.«

»Ich weiß, was du meinst. Hier oben hupen keine Autos, rattern keine Züge, knallen keine Türen. Hier ist es still. Das ist so wunderbar!«

Ich atme tief durch und habe das Gefühl, dass hier der erste Mensch sitzt, der mich versteht.

Als ich mich später auf den Weg hinüber in meine Hütte mache und die Haustür öffne, fällt mir auf, dass nichts abgeschlossen ist. Auch nachts sind hier die Türen geöffnet.

»Habt ihr keine Angst?«, frage ich Samu, als ich in den Hof trete.

Samu lacht. »Man muss keine Angst haben, weil einfach niemand da ist. Einbrecher machen sich nicht die Mühe, kilometerweit durch die Wildnis zu schleichen. Wir brauchen kein Schloss.«

Ich liebe dieses Leben.

* * *

»Schade, dass du morgen schon wieder fliegst!« Vilma, Samus Mutter, streichelt mir liebevoll über den Arm. »Es ist schön, wenn du da bist.«

Wir beiden Frauen stehen nebeneinander in der Küche und bereiten das Frühstück vor. Es gibt Kaffee, ein leckeres selbst gebackenes Brot, Marmelade. Ich schneide Käse, Vilma Gurken.

Die zwei Wochen sind vergangen wie im Flug.

»Ja, ich bin auch traurig. Ich möchte gern bleiben. Aber die Reise zu euch hat mir zumindest viel gebracht. Ich weiß jetzt, dass ich so leben möchte.«

»Wie wir?«

»Ja, ich mag die Weite und die Einsamkeit nicht mehr missen. Das war hier eine Art Test.«

»Ein Test? Wofür?«

»Für Alaska oder Kanada. Ich möchte einen Winter dorthin. Bis jetzt war ich etwas unsicher. Aber nach der Zeit bei euch weiß ich, dass ich das will, unbedingt.«

Vilma sieht mich fragend an. »Warum Kanada? Komm doch zu uns. Samu kann gute Leute wie dich gebrauchen. Du kennst dich aus, wir mögen uns. Also. Das passt doch!«

Finnland statt Kanada?

Sie lächelt mich aufmunternd an. »Was meinst du?«

Ich lächele zurück. »Lass mich nachdenken. Zu Hause ist noch einiges zu klären.«

Und so ist es auch. Als ich dieses Mal zurück in die Schweiz komme, bin ich beschwingter als beim letzten Mal, weil ich klarer sehe. Im Job ist alles geregelt. Ich arbeite noch bis September in der Agentur, und das macht mir sogar Spaß, weil das Ende greifbar ist. Den privaten Dauerstress lasse ich nicht mehr zu und ziehe kurzerhand zu meinen Eltern.

Das ist keine Trennung von Micha, eher ein Friedensvertrag. Den ganzen Sommer über treffen wir uns regelmäßig, übernachten auch gemeinsam, sehen uns bei Freunden. Aber die Enge, die Ausschließlichkeit, die ist heraus, und das hilft uns beiden sehr.

Dazu kommt, dass Micha sich immer mehr mit meinem Wunsch nach räumlicher Freiheit arrangiert. Zudem entscheide ich mich rasch dafür, den Winter in Lappland zu verbringen, und sage Alaska ab. Micha kann zumindest äußerlich gut damit leben. Als ich am 1. November nach Finnland fliege, bringt er mich zum Flughafen. Ich werde sechs Monate auf der Lodge sein. Micha will mich besuchen.

»Pass auf dich auf, damit du mir nicht vom Schlitten fällst«, sagt er mir zum Abschied.

»Kommst du?«, frage ich, als mein Flug aufgerufen wird. Er bleibt mir die Antwort schuldig.

Ich glaube, wir haben uns beide innerlich gelöst. Ich bin gedanklich auf mein neues Leben fixiert und Micha wohl auf eine andere Frau, jedenfalls hat mir das eine gemeinsame Freundin gesteckt. Der Gedanke, ihn zu verlieren, also dauerhaft, stört mich jedoch sehr. Aber ich wische es weg. Es ist einfach alles etwas durcheinander, und mein Leben gleicht einer Achterbahn.

»Ich gehe dann mal«, sage ich und versuche, spielerisch mit dem Abschied umzugehen. Aber es klappt nicht. Ich weine. Micha streichelt mir eine Haarsträhne aus dem Gesicht und küsst mich sanft auf die Lippen. O Mann, kann das Leben kompliziert sein.

Als ich im Flieger sitze und auf das immer kleiner werdende Zürich hinunterblicke, geht es mir schlagartig besser. Vor mir liegt das Leben, nach dem sich mein Inneres sehnt. Ich muss es umsetzen.

»Willkommen zu Hause«, begrüßt mich Antti, als ich nach sechs Monaten wieder am Flughafen in Rovaniemi stehe. Angekommen auf der Lodge, düse ich sofort zu Remo, meinem Remo. Er erkennt mich auf Anhieb, und ich bin stolz und dankbar. Es ist zu schön, seine Liebe zu spüren.

Abends sitze ich mit der ganzen Familie wieder gut gelaunt zusammen am Tisch. Bis auf Siiri, die auch jetzt nicht da ist.

»Meine Frau studiert ja«, sagt Samu, und ich meine herauszuhören, dass auch diese Beziehung Probleme hat.

KAPITEL 5

Der Wasserstand des Gebirgsflusses ist ungewöhnlich hoch, es gibt komplexe Stromschnellen, extreme Wellen und Wirbel. Ich kämpfe mich in einem Rafting-Boot durch die Fluten, habe aber kaum Sicht und kann keine der Durchfahrten richtig erkennen. Verdammt! Was ist das? Direkt vor mir taucht ein grauer Felsblock auf. Ich steche das Paddel in die aufgewirbelten Wassermassen, schaffe es aber nicht, die Richtung auszubalancieren, und lande prompt kopfüber in dem reißenden Gebirgsbach. Die wild tosenden Wassermassen reißen mich mit wie ein Stückchen Treibholz. Der Sog drückt mich unter Wasser, und ich muss mich mit aller Kraft dem reißenden Fluss entgegenstemmen. Mein linker Unterschenkel donnert an einen Stein, aber der Schmerz geht im Kampf unter.

Ich spüre Boden, das Ufer, finde Halt und krabbele erschöpft an Land. Inmitten eines kleinen Waldstückes lasse ich mich auf den feuchten Boden sinken, nehme mir den Helm vom Kopf und japse nach Luft. Das war knapp!

Selbst bei Unwetter in den Bergen habe ich mich noch nie so ausgeliefert gefühlt. Das Wasser hat mit mir gemacht, was es wollte.

Ich, die immer alles im Griff haben und beeinflussen will, war dieses Mal machtlos, hilflos, dem Schicksal ausgeliefert. Ein schlimmes Gefühl.

Wasser war nie mein Element, vielleicht wollte ich es genau deshalb wissen und mich dem stellen. Die Quittung habe ich bekommen. Irgendwo ist mir ein Fehler passiert. Ich weiß nur nicht, wo.

»Mensch, Barbara, das hast du aber prima gemeistert. Hochachtung!«

Stephan, mein Ausbildungsleiter, hockt sich jetzt neben mich, während ich mir noch das letzte Wasser aus der Lunge pruste.

»Was habe ich denn falsch gemacht?«, presse ich zwischen zwei heftigen Hustenanfällen heraus.

»Nichts!«, sagt Stephan. »Du hast dich perfekt aus dem Wasser gekämpft. Vielleicht sogar etwas zu viel gekämpft. Man merkte, dass du dich dem Fluss des Wassers nicht anvertrauen wolltest.«

Ich nicke. »Ja, es ist mein Problem, etwas fließen zu lassen. Ich habe gern das Heft des Handelns in der Hand.«

»Das habe ich gesehen«, schmunzelt Stephan. »Wenn es für dich okay ist, dann machen wir für heute Schluss.«

»Zu gern. Mir reicht's wirklich.« Ich lächele gequält. »Morgen lasse ich mich wieder durcheinanderwirbeln. Aber im Moment will ich nicht mehr.«

Wie geplant bin ich seit dem Frühjahr wieder in der Schweiz und mache seit drei Wochen eine Ausbildung bei einem Schweizer Tourenveranstalter. Dazu gehören ein Bootsführerschein und eine Rafting-Bescheinigung. Damit kann ich später mit Urlaubern Wildwassertouren durchführen. Obwohl ich von solchen alles andere als begeistert bin. Ich wandere vermutlich locker 1000 Kilometer durch die Alpen, aber eine Wildwassertour muss nicht sein. Doch sie gehört zur Ausbildung dazu. Also nörgele ich nicht, sondern ziehe durch, was anliegt.

»Machst du das eigentlich nur, um dich von deinem eigentlichen Problem abzulenken? Dass du nicht weißt, was du willst?«, fragt mich Monika später direkt, als ich ihr bei einer Tasse Kaffee von meinem gefährlichen Zwischenfall auf dem Gebirgsbach erzähle. Und, ganz ehrlich, ich glaube, dass sie damit den Nagel auf den Kopf getroffen hat. Seit meiner Rückkehr aus Lappland ist keine Ruhe mehr eingekehrt. Meine Beziehung mit Micha ist immer noch nicht wirklich zu Ende. Nach sechs Monaten Trennung, er ist übrigens nicht zu Besuch gekommen, machen wir da weiter, wo wir aufgehört haben, allerdings ist unsere Beziehung nun insgesamt unverbindlicher. Die andere Frau gibt es nicht mehr, eine neue auch nicht.

Beruflich habe ich ebenfalls keinen Plan. Die Tourguide-Ausbildung ist eine Notlösung. Ich weiß nur, dass ich auf keinen Fall zurück in eine Festanstellung möchte, und insgeheim denke ich an eine zweite Saison in Lappland, bin mir aber nicht wirklich sicher, ob das meine Zukunft ist.

Und so schlingere ich ein bisschen durch mein Leben, reiße Mauern ein und baue sie wieder auf. Aber was wirklich richtig für mich ist, dass weiß ich nicht. Und da ich für diese viele Energie in mir ein Ventil brauche, stürze ich mich in alle möglichen Aktivitäten. Wenn ich mich bewege, anstrenge, ja verbissen an etwas dran bin, vergesse ich den inneren Druck in mir und finde wenigstens für Momente Ruhe.

Monika hat recht. Der Kampf mit den Strömungen eines reißenden Gebirgsbaches ist ein Symbolkampf, um mit meiner Ratlosigkeit zurechtzukommen. Wenn ich meine ureigenste Angst überwinde, bin ich so auf mich selbst fixiert, dass ich vergesse, was mich gerade hin und her reißt, und in dieser inneren Stille kommen auch Antworten hoch. Antworten auf Fragen, was richtig für mich ist. Im Moment geht es um Lappland oder Heimat. Dabei steht die Antwort längst fest, ich will es mir nur nicht eingestehen.

Doch im August rufe ich schließlich Samu an. »Braucht ihr eine Musherin?«

»Eine aus der Schweiz? Immer!«, sagt er sofort.

»Ich komme!«

Doch dieses Mal buche ich keinen Flug. Ich radele ans Nordkap. Mehrere Wochen lang. Durch Deutschland, Dänemark und das immer menschenleerer werdende Schweden. Jeden Tag fahre ich zwischen 100 und 150 Kilometer, und mit jedem Kilometer, den ich weiter allein durch die Wildnis strample, legt sich das Chaos in meinem Kopf, und ich spüre innere Ruhe und Frieden.

Ich bin auf Tour, so wie es mir gefällt. In dem Tempo, das mir zusagt, und auf den Strecken, die mir gefallen. Ich mache dort halt, wo ich mag. Ich bin mit mir allein unterwegs, muss auf niemanden Rücksicht nehmen, einfach nur für mich da sein. Das ist ein Geschenk und einfach nur großartig.

Es ist schwer zu beschreiben, was mit mir passiert. Es ist eine Mischung aus Freiheit und Traum, ich bin ganz bei mir und doch sehr weit weg. Aber das Einzige, was ich nie empfinde, ist eine belastende Einsamkeit.

Ich sauge die Natur intensiv in mich hinein und lasse sie wirken, lasse mich treiben, ohne Zwänge, bin einfach nur »weg«. Von allem, meinen Sorgen, meinen Zweifeln und Fragen, dem Stress, der lauten, immer so röhrenden Welt.

Ich erlebe auf meiner Tour Momente, in denen ich einfach von Glück und Zufriedenheit erfüllt bin. Es gibt keine Vergangenheit und keine Zukunft, kein Grübeln über

Verpasstes, keine Pläne über das, was kommen kann oder gar soll. Ich bin einfach da, im Hier und Jetzt angekommen und sehr, sehr glücklich. Weil ich mich spüre, mit allen Sinnen.

Aber es gibt auch die Momente, in denen mir das Leben ganz klar und einfach erscheint, in denen es kein Wenn und Aber, kein Vielleicht und kein »Was ist« gibt. Momente, in denen ich auf alle Fragen Antworten weiß und ich dadurch sicher und beschwingt in die Zukunft sehen kann.

Klar gibt es auch Augenblicke, die ich gerne mit jemandem teilen möchte. Wenn ich etwas besonders Schönes sehe oder mich allgemeine Wehmut ergreift, oder mir die Knochen wehtun, weil es so kalt ist und sich die Finger fast abgestorben anfühlen. Und dann bekomme ich den Kocher nicht an und kann mir nicht einmal mit einem warmen Kartoffelpüree eine Freude machen. Das sind die Momente, in denen ich nicht allein sein möchte, ich jedoch mutterseelenallein irgendwo bin, ohne Empfang und ohne die geringste Chance, ein menschliches Wesen zu finden, das mir eine Schulter, ein Ohr, etwas Nähe bietet. Diese Momente muss man auch aushalten können.

Aber es ist nun mal so im Leben, dass es nicht nur eine Farbe gibt, sondern zu Licht auch Schatten gehört. Man würde das Glück nicht spüren, gäbe es das Unglück nicht. Also, annehmen, ein bisschen schniefen und wissen, dass all das vorbeigehen wird. Und, ganz wichtig, daran wachsen.

Es gibt auch die Gefahren. Man stürzt, und der Knöchel schmerzt, und man weiß, dass es jetzt eng wird mit dem Glück. Natürlich gibt es diese Momente, in denen man sich fragt: »Was mache ich hier eigentlich gerade?« oder »Wie lange reicht meine Energie wohl noch?«.

Man muss erst im Kopf weitermachen und dann mit den Beinen. Ich denke bei solchen Grenzerfahrungen immer, dass es auch seinen Reiz hat, die eigenen Grenzen zu überschreiten. Denn wenn man kämpft, auch wenn es eigentlich nicht mehr geht, ist man am Ende mental robuster. Man fühlt sich grandios und stark wie nie und weiß, dass einen nichts mehr umhauen kann. Das ist ein richtig tolles Gefühl, und diese Erfahrung kann mir kein Strandurlaub im Hotel am Meer geben. Sisu lässt grüßen.

✱ ✱ ✱

Nach 3000 Kilometern auf dem Rad komme ich wieder auf der »Ice-Lodge« an und habe Tränen in den Augen. Ich stelle mein Rad ab und begrüße Remo, der sich freut, wie sich ein Hund nur freuen kann. Und dann sieht mich Samu und kommt quer über den Platz angelaufen und nimmt mich fest in den Arm.

»Willkommen zu Hause«, sagt er fröhlich und schiebt mich gleich Richtung Wohnhaus. »Komm, stärke dich erst einmal.«

Wir sind allein, die Familie ist ein paar Tage bei Verwandten, und setzen uns in die Küche, trinken Kaffee, essen Kuchen und reden, und bereits nach wenigen Augenblicken platzt Samu mit einer Neuigkeit heraus.

»Siiri ist kaum noch zu Hause. Sie lebt ihr eigenes Leben!«

Ich atme tief durch. Wie soll ich darauf reagieren? Ganz unerwartet kommt die Nachricht für mich ja nicht. Bereits bei meinem letzten Aufenthalt im vergangenen Winter wirkten die beiden nicht mehr harmonisch. Siiri war schon damals viel mit ihrem Wirtschaftsstudium beschäftigt und hatte auch regelmäßig fünf Nächte in ihrer Studienstadt übernachtet. Samu gefiel das nicht. Das konnte man seinem ganzen Verhalten entnehmen. Einige Male habe ich auch Zickereien am Telefon mitbekommen, wenn Siiri in der Leitung war.

»Siiri will frei sein. Angeblich enge ich sie ein«, versucht er mir plötzlich eine Erklärung zu geben.

Ich mag mich dazu nicht äußern. Es ist mir zu privat.

Doch Samu redet einfach weiter. Offenbar will er sich aussprechen. »In letzter Zeit schien sie unser Leben nicht mehr zu mögen. Sie hat sich völlig zurückgezogen, lebte in ihrer eigenen Welt. Unsere Lodge, die Touristen, sie wollte nichts mehr damit zu tun haben.«

Und er hat noch mehr auf dem Herzen, erzählt mir auch, dass sich Siiri kaum noch um die Kinder kümmert, sie nur an manchen Wochenenden zu sich holt.

»Ich bin froh, dass meine Mutter da ist und sich um die beiden kümmert«, macht er sich weiter Luft und klingt dabei ziemlich mitgenommen.

»Wie geht es dir damit?«, frage ich jetzt doch.

Samu zögert nicht mit der Antwort. »Gut«, sagt er sofort. »Ich bin froh, dass es vorbei ist. Wir Finnen sagen: ›Ein totes Pferd kann man nicht reiten.‹ Es passt einfach nicht mehr. Es fehlen die Gemeinsamkeiten.«

»Und wie geht es jetzt weiter? Ich meine geschäftlich?«

»Ja, das ist schwer«, sagt Samu, während er mir einen Kaffee nachschenkt. »Ich brauche dringend Hilfe. Insofern kam dein Anruf mehr als recht.«

»Du weißt doch, wie gern ich Touren fahre.«

»Ich dachte an etwas anderes. Du bist doch Marketingfachfrau. Könntest du mich nicht bei der Vermarktung unterstützen? Du hast Erfahrung, kannst Agenturen und Reisebüros ansprechen. Was meinst du?«

Ich muss nicht überlegen. Ich bin begeistert. Ich kann hier in dieser fantastischen Umgebung leben und jetzt auch arbeiten. Besser hätte es nicht kommen können. Dass Samu frei ist und ich eigentlich auch, darüber mag ich nicht nachdenken. Es ist einfach nicht der Zeitpunkt, wieder ein »neues Fass« aufzumachen.

»Ja klar, gern, lass uns gleich heute in die Planung gehen!«, sage ich engagiert und sprudele über vor Ideen.

Ich schlage vor, nicht nur die Auslastung im Winter durch eine gute Marketingstrategie zu erhöhen, sondern auch das Sommergeschäft zu etablieren. Samu könnte Boote anschaffen und Angelausrüstungen, dazu Wandertouren ausarbeiten.

Ich bin Feuer und Flamme und beginne sofort, alles schriftlich zu fixieren, und am Abend, bei finnischem Bier und leckeren Rühreiern mit Mandelkartoffeln besprechen wir, wie wir gemeinsam das Unternehmen in Schwung bekommen.

»Du hast großartige Ideen«, schwärmt Samu. »Weißt du, ich habe schon häufig daran gedacht, uns bekannt zu machen. Aber es fehlte mir immer das Know-how und die Zeit dazu. Ich habe mit den Gästen und Ausfahrten einfach genug zu tun. Allein schafft man nicht auch noch viel Hintergrundarbeit.«

Samu stellt mir einen süßen Beerenschnaps hin. »Komm, lass uns auf unsere Zusammenarbeit anstoßen«, meint er, und wir reden, planen und lachen bis in den frühen Morgen.

»Ich glaube, mir dreht sich langsam der Kopf, aber

mehr vom Schnaps als von unseren Plänen«, sage ich schließlich mit einem verstohlenen Blick auf die Uhr und mache mich auf den Weg zu meiner Hütte.

»Schlaf gut«, ruft Samu mir nach.

»Du auch!«

Müde stapfe ich durch den Schnee zu meiner Unterkunft. Das Gepäck steht noch unausgepackt im Flur. Die Ereignisse holen mich gerade ein. Mein Leben nimmt mächtig Fahrt auf.

In dieser Nacht will ich nicht schlafen. Ich plane weiter und weiter. Als Nächstes möchte ich Finnisch lernen. Ich bin gut in Sprachen, aber Finnisch bereitet mir Mühe. Zum Glück sprechen die meisten Finnen Englisch, und mit Samus Eltern komme ich mit einem Sprachmischmasch und Händen und Füßen ganz gut zurecht. Aber ich will mehr. Ich will ganz ankommen. Endlich weiß ich, was ich will. Hier leben, für immer.

* * *

In den nächsten Tagen sitze ich fleißig am Schreibtisch in Samus Büro und schreibe diverse Reiseveranstalter an. Ich habe von einem Fotografen tolle Fotos machen lassen und präsentiere die Lodge so erstklassig, wie sie ist. Wir haben auch viel zu bieten: eine wunderschöne, nahezu unberührte Natur, herrliche Wälder und mystische Moore, durchzogen von kristallklaren Flüssen, und über dieser ganzen Pracht erheben sich die Rücken der nur spärlich bewachsenen Vaara. Das ist einmalig schön.

Wir haben in dieser faszinierenden Natur sogar eigene Hütten, die wir im Winter mit den Schlitten anfahren und im Sommer zu Fuß erwandern. Dazu bieten wir die vielen idyllisch gelegenen Seen mit den verschiedensten Wasservögeln. Hier kann man alle typischen Tundravögel sehen und auch seltene Tiere wie Schneeammer und Ohrentaucher. Mein Vater hat schon angekündigt, sich hier bei uns mit dem Fotoapparat auf die Lauer zu legen. Wer mag, kann auch mit mir auf mehrtägige Kanutouren gehen.

Die Reaktionen sind enorm. Mehrere Touranbieter nehmen uns sofort in ihr Programm auf. Wir bekommen jede Menge Anfragen, und innerhalb kurzer Zeit ziehen die Buchungen an.

»Das ist so klasse«, lobt mich Samu und freut sich mit mir über jede hereintrudelnde Reservierung. Wir erleben einen richtigen Hype. Samu investiert in zwei neue Schlitten und stellt passend zur Saison zwei Praktikanten ein. Wir sind so gut gebucht, dass wir täglich Touren fahren. Ich bin mittlerweile gut genug ausgebildet, dass ich problemlos schwierige Touren fahren kann. Mit Remo, meinem geliebten Remo als Leithund, komme ich sicher überallhin. Er passt auf mich auf.

Und auch sonst fühle ich mich geborgen.

Die Abende verbringe ich meistens mit Samus Familie. Wir essen zusammen, spielen manchmal noch mit den Kindern, bevor Vilma sie zu Bett bringt, und anschließend setzen Samu und ich uns am liebsten zusammen und überlegen, wie wir die Lodge noch weiter voranbringen können.

Wir verstehen uns prächtig und sind ein fantastisches Team. Unser Miteinander ist ausgesprochen heiter und humorvoll, geprägt von Sympathie, gegenseitigem Respekt und einem gemeinsamen Ziel: die Lodge zur bekanntesten in Finnland zu machen.

Und ich genieße den Austausch. Samu liebt wie ich die Natur, die Tiere, das Ursprüngliche und Einfache. Wir ticken gleich und verstehen uns schnell ohne viele Worte.

* * *

»Ready!« Mit einem Ruck preschen die Hunde los, und ich freue mich riesig, dass wir heute endlich eine ganz spezielle Tour machen.

Es ist Wochenende, die Kinder sind bei Siiri, und wir haben ausnahmsweise keine Gäste, worüber wir allerdings nicht traurig sind. Die letzten Monate waren hart. Wir waren fast regelmäßig mit drei Gruppen unterwegs. Das erfordert eine perfekte Organisation, da für die Rundtouren Hütten dazugemietet werden müssen. Es darf überhaupt nichts schiefgehen. Die Tiere müssen fit sein und die Musher hoch konzentriert, und das alles fulltime, nahezu ohne Pause.

Samu und ich sind ausgebrannt, und eine Pause tut uns gut.

»Du hast einen Wunsch frei!«, hat Samu in der Stressphase vor drei Wochen einmal gesagt, weil mich eine Gästegruppe so überschwänglich gelobt hat, und ich habe ihn sofort beim Wort genommen und mir einen Ausflug zur Haapokangas-Hütte gewünscht.

Das muss eine wunderbare Tour sein, von der ich viel gehört habe. Sie ist etwas heikel, da man viele Seen überqueren muss. Samu möchte nicht, dass ich sie allein fahre, und so habe ich vorgeschlagen, dass wir sie bei passender Gelegenheit zusammen in Angriff nehmen.

Jetzt ist es so weit, und wir erwischen einen Traumtag. Der Himmel ist stahlblau und wolkenlos. Der Schnee glitzert, und wenn wir durch die weiße Pracht rauschen, wirkt er wie Staub. Wir fahren durch ein kurzes Waldstück, und dann sind wir auf einem der großen Seen. Die Landschaft wirkt wie ein riesengroßes Tischtuch, das sich bis zum Horizont ausbreitet, und ich gleite über diese Fläche wie auf Schlittschuhen. Samu fährt mir ein gutes Stück voraus, und ich fühle mich aufgrund der Distanz ganz allein in dieser märchenhaften Kulisse. Die Hunde genießen die Tour mindestens so wie ich, und als wir nach drei Stunden die erste Pause machen und ich zu ihnen gehe, umringen sie mich fröhlich hechelnd, als wollten sie »Danke« sagen. Wir fahren an diesem Tag mehr als 40 Kilometer, haben keinerlei Steigungen und kommen pünktlich zur geplanten Zeit an der Hütte an.

Samu genießt sichtbar die Auszeit und wirkt entspannt wie selten. Nachdem wir die Hunde versorgt haben, kocht er uns etwas Leckeres. Dieses Mal gibt es Piroggen mit einer würzigen Möhrenfüllung, dazu Lachs und später Blaubeerkuchen. Und an einem großen Holztisch reden wir mal nicht von der Lodge, sondern von unseren Leben. Ich erzähle viel von meiner Jugend, Samu von seiner. Es geht um unsere geliebten Eltern, aber auch um unsere erste große Liebe. Samu erzählt offen, wie er Siiri kennengelernt hat, von seiner Ehe, aber auch davon, dass er wieder frei ist für eine neue Liebe.

Und dann passiert etwas, was ich nie für möglich gehalten hätte, weil ich es nicht zulassen wollte. Samu legt seinen Arm um meine Schulter. In mir vibriert bei dieser Berührung alles. Ich sehe in seine Augen, und erst spüre ich einen Stich in meinem Herzen und dann seine Lippen auf meinen. Wir küssen uns ganz sanft, ganz vorsichtig. Ich glaube, wir haben beide Angst vor dem, was jetzt kommt. Denn unsere tiefe, innige Freundschaft und Vertrautheit, unsere gute berufliche Teamarbeit, alles bekommt jetzt einen ganz anderen, einen gefährlichen Überbau, die Liebe.

Eine Stimme in mir sagt: Finger weg, lass das! Eine andere steht dagegen und meint: Lass dich fallen in dieses Gefühl. Ich mag an Samu seine Leidenschaft für sein Projekt, die Intensität, mit der er zu seiner Heimat steht, aber auch die kraftvolle Wärme, die sein muskulöser Körper ausstrahlt. Ich mag seine durchtrainierten Arme, die allem, was sie anfassen, etwas Wichtiges geben. Ich mag die einfühlsame Art, mit der er auf Menschen zugeht, und das Interesse an intellektuellen Themen, das ihn immer neugierig wirken lässt. Ich mag ganz viel an diesem Mann, aber eigentlich will ich überhaupt keine neue Beziehung.

Ich winde mich aus seinen Armen, schlüpfe in meinen dicken Daunenanzug und gehe aus der Hütte. Ich brauche Abstand, sonst verliere ich die Kontrolle, und für mich steht zu viel auf dem Spiel. Ich möchte hier eine gute Arbeit abliefern, viel lernen, mir ein Leben aufbauen und mir all das nicht mit einer Liebelei verbauen.

Mit wild klopfendem Herzen lehne ich mich an die Holzwand der kleinen Hütte und sehe in den glitzernden Sternenhimmel. »Meine Güte, wie sehr ich diese Natur hier liebe«, schießt es mir durch den Kopf, und weil ich schon so gefühlsmäßig angekratzt bin, laufen mir jetzt die Tränen über die Wangen. Die Natur, die Tiere und jetzt auch noch die Liebe, das wird mir zu viel. Ich will nicht wieder in eine Falle tappen und später verwirrt ausgespuckt werden. Ich weiß ja, was mich glücklich macht: allein sein in der Natur, und etwas anderes möchte ich jetzt nicht mehr.

»Wir machen nichts Verbotenes!« Samu steht mit einem Mal neben mir, und sein Atem, der in der Eiseskälte wie warmer Nebel wirkt, streift mein Gesicht.

»Ich weiß«, sage ich leise.

»Und?«

»Es ist besser, wenn wir uns auf die Arbeit konzentrieren. Denn als berufliches Team sind wir unschlagbar!«

»Aber es gibt mehr«, meint Samu jetzt vielsagend.

»Ich weiß«, antworte ich und finde meine Einsilbigkeit selber nicht gut. Aber mein Herz schlägt so heftig, dass ich kaum mehr als diese zwei Wörter herausbekomme.

»Wer weiß schon, was besser ist im Leben. Wir Finnen sagen: ›Man muss den Ball spielen, wenn er kommt.‹«

Ich sehe ihn jetzt an, und dann nehme ich seine Hand.

»Es ist kalt hier draußen«, meint Samu.

Ich nicke, und er zieht mich in die Hütte, ins Warme.

**

Ich habe jetzt eine Affäre mit meinem offiziell verheirateten Chef, der auch Vater von zwei Kindern ist.

»Dümmer hätte es nicht kommen können«, sagt Monika, als ich ihr am Telefon davon erzähle. Ich gebe ihr recht, aber es ist auch einfach so unvergleichlich schön. Samu und ich leben auf dieser idyllischen Lodge, in dieser einmaligen Natur. Im Winter können wir jeden Tag mit den Hunden durch den Schnee sausen und im Sommer so lange durch die unberührte Natur wandern, wie ich es mag. Ich lebe hier meinen Traum! Obwohl? Wirklich? Natürlich frage ich mich, ob ich alles richtig mache, und fühle mich trotz des neuen Mannes in die Zeit mit Micha zurückversetzt. Es ist noch nicht lange her, da hatte ich ebenfalls scheinbar alles und spürte irgendwann, was mir fehlte: Zeit für die Natur, die Stille, das Für-mich-Sein. Wo ist genau das jetzt?

Irgendwie fehlt es mir wieder. Die Lodge, das läutende Telefon, die vielen Gäste und immer die Ansprache, die Fragen, das Präsent-sein-Müssen.

Eigentlich hatte ich einen ganz anderen Traum. Ich wollte frei sein, die Einsamkeit genießen, und das, so oft es geht, allein. Ich wollte die Schönheit der Welt so sehen und aufnehmen, wie ich es möchte. Gut, das ist egoistisch, aber wenn man allein für sich verantwortlich ist, spricht nichts dagegen, egoistisch zu sein.

Ich könnte mir hier sofort einen Job suchen. Ich spreche mittlerweile ordentlich Finnisch und kenne mich im Tourismus gut aus. Ideale Voraussetzungen, um Fuß zu fassen. Ich kann also bleiben, mir allein etwas aufbauen, das Land und das Leben genießen. Aber jetzt ist da Samu, der offenbar sehr an mir hängt. Auch Antti und Vilma haben mich ins Herz geschlossen, die Kinder sowieso. Es passt. Oder?

»Was will ich wirklich: Liebe oder Freiheit?«, frage ich Monika. Aber sie macht es mir wie immer nicht leicht und gibt mir auch dieses Mal nicht die gewünschte Antwort, sondern sagt nur: »Finde es heraus!«

Ich stecke in der Falle, mal wieder.

Im Grunde habe ich hier ein Nest und muss es mir darin nur bequem machen. Aber ich hatte schon mal ein schönes, warmes, molliges Nest und bin weggeflogen. Jetzt stehe ich erneut in einer Baumkrone und setze an zum Abflug. Aus Angst, meinen Traum noch einmal aus den Augen zu verlieren, und wie immer, wenn ich nicht mehr weiterweiß, nehme ich Reißaus, suche die Ruhe, die

Stille, das Alleinsein und die Herausforderung, weil ich nur so Antworten bekomme.

Ein Anruf von Käthi liefert den Ausweg. Sie hat gerade eine Tour durch Kanada gemacht und jobbt eine Zeit lang in einem Örtchen namens Rossland.

»Komm doch vorbei«, bietet sie mir an, und ich nehme kurz entschlossen die Hand, die sie mir reicht.

»Ich besuche dich!«, sage ich sofort. Denke aber dabei nicht nur an ein paar Tage in Kanada, sondern will jetzt umsetzen, was ich schon vor Jahren geplant habe. Ich mache eine Alaska-Tour, fahre von Vancouver nach Anchorage und vielleicht noch sonst wohin. Ich brauche die Tour. Die Zeit allein wird mir Klarheit bringen.

»Kommst du wieder?«, fragt mich Samu, als er mit mir am Flughafen steht und wir auf den Aufruf warten. Er sieht mich unsicher an. Ich weiche aus.

»Gib mir Zeit.«

»Es gibt Situationen, die vertragen keinen Aufschub!«

Mein Herz schlägt plötzlich ganz schnell. Ich mag nicht wieder die Pistole auf die Brust gesetzt bekommen.

»›Ein Vogel muss fliegen‹, sagen doch die Finnen«, versuche ich, die angespannte Stimmung etwas aufzulockern.

»Stimmt. ›Aber ein guter Vogel kommt zurück‹, sagen sie auch«, kontert Samu.

Ich muss schmunzeln und bin erleichtert. Samu nimmt mich jetzt in den Arm und drückt mich fest. Es ist schön, seine Wärme zu spüren. Zu schön, denn als der Flug aufgerufen wird, beginne ich bitterlich zu schluchzen. Ich nehme sein Gesicht fest in meine Hände und küsse ihn lange. Es sieht mal wieder nach Chaos aus.

KAPITEL 6

Wie ein Uhrwerk bewegen sich meine Beine, gleichmäßig, mit unveränderter Kraft. Ich trete in die Pedale und die Pedale schiebt mich zeitgleich nach oben, und von Meter zu Meter werden das Rad, der Asphalt und ich immer mehr zu einer Einheit. Die Bewegung, die Harmonie, der Gleichklang, all das macht mich frei. Ich fühle mich großartig und tauche hinein in die Einsamkeit, die Natur, und die Gewissheit, weit weg von allem zu sein, was meine Gedanken geprägt und beschäftigt hat.

Ich muss nichts entscheiden, nichts tun. Ich muss nur treten und im Auge behalten, dass ich mein nächstes Tagesziel erreiche. Ich muss mich nicht erklären, nichts begründen, nichts liefern. Ich muss nichts, außer da sein und mich in der Bewegung halten.

Alle Fragen, aller Zwang, aller Ballast, alles fällt von mir ab. Ich trete und fühle mich leicht, beschwingt, schwebend.

Dieses Gefühl hatte ich bereits auf meiner Fahrt nach Finnland vor einem Jahr. Aber damals war ich gut drei Wochen unterwegs. Dieses Mal bin ich viel länger auf Tour, weil die Strecke umfangreicher und anspruchsvoller ist und ich nicht so viele Kilometer am Tag zurücklegen kann. Alles, was ich auf meiner Fahrt durch Schweden als wohltuend empfunden habe, potenziert sich jetzt mit der zunehmenden Zeit. Um es zu vereinfachen: Ich fühle mich noch leichter, noch beschwingter, noch schwebender.

Ich bin von Helsinki nach Vancouver geflogen und fahre jetzt mit dem Rad nach Alaska. Gerade bin ich eine Woche bei Käthi gewesen. Es war ein Umweg, zu ihr zu kommen, aber es hat sich gelohnt, und wir hatten eine wunderschöne Zeit zusammen. Wir haben es genossen, uns zu sehen, haben Fotos für Vati und Mutti in der Heimat gemacht und geredet wie Wasserfälle, gegessen, geschlemmt, geschlafen, gedöst.

Käthi führt ein völlig anderes, viel beständigeres Leben als ich. Sie lebt seit Jahren mit immer demselben Partner, Urs, einem begnadeten Handwerker, zusammen, arbeitet in immer demselben Job als engagierte Kindergärtnerin, an immer demselben Ort am Rande der Thuner Alpen. Trotzdem verbindet uns zur innigen Schwesterliebe noch viel mehr: die Liebe zur Natur, zum Extremwandern und zum Abenteuer.

»Die Welt ist zu schön, um zu Hause zu bleiben«, sagt sie immer und tourt durch Südamerika, durch Asien, durch Skandinavien, oft mit Urs, aber oft auch allein. Offenbar ticken wir ähnlich.

Gestern habe ich mein Rad aus der Garage geholt und mich wieder auf den Weg gemacht. Denn ich muss die Jahreszeit im Auge haben. Meine Tour bringt mich auch in Höhen, in denen es ab September empfindlich kalt werden und schneien kann. Ich muss gut planen und die gesetzten Etappenziele einhalten.

Bald geht es durch den Yukon, dieses legendäre, wilde und hügelige Gebiet im Nordwesten Kanadas. Hier leben kaum Menschen, und man spürt Natur pur.

In vier Monaten, im Oktober, möchte ich wieder zu Hause sein. Zu Hause? Im Moment weiß ich allerdings nicht, wo das sein wird. Aber die besten Erkenntnisse kommen mir immer in der Natur, wenn ich allein unterwegs bin, meine Grenze teste und überschreite, mich quäle und mich freue, weil ich die Qual durchgehalten habe. Ich vertraue darauf, dass es wieder so sein wird.

Die ersten Wochen grübelt man viel. Das war schon auf meiner Schwedenfahrt so. Aber mit den Wochen bläst der Fahrtwind alles aus dem Kopf, was ihn schwer macht und bedrängt. Ich habe die ersten Wochen immerzu an Samu gedacht, an meinen Remo, den Rhythmus dieser speziellen Arktisnatur, in dem ich so tief aufgegangen bin. Doch das wird von Tag zu Tag weniger, weil andere Dinge den Tag erfüllen. Ich erlebe ungewöhnliche Situationen, muss achtsam sein, mich auf neue Eindrücke einstellen. Das verdrängt Gedanken an das vergangene Leben. Aber mit der Zeit kommen sie wieder hoch, nur anders. Ich sehe alles distanzierter, aus einer anderen Position. Man kann es sich so vorstellen, als würde man von oben auf sein Leben schauen. Ich denke manchmal, ich stehe auf einer Balustrade und sehe hinab in das Wohnzimmer, als sei es mein Leben. Ich höre, sehe, nehme wahr, aber ich bin nicht wirklich dabei. Ich habe eine übergeordnete Perspektive.

Ich denke natürlich an die Chance, die ich mit Micha hatte. An seiner Seite hätte ich ein zufriedenes, sicheres Leben führen können. Micha wollte Kinder, Beständigkeit, ein niveauvolles Leben. Eigentlich ein Sechser im Lotto. Ich bin aber weggelaufen. Jetzt habe ich eine neue Chance. Ich kann mit Samu leben, seinen Kindern eine liebevolle Freundin sein, seinen Eltern eine liebenswerte Schwiegertochter. Ich kann mit diesen herrlichen Hunden, allen voran Remo, zusammen sein, und ich kann in dieser paradiesischen Natur leben, die Einsamkeit, wenn gerade keine Gäste da sind, täglich genießen.

Und eigentlich hatte ich mich ja von Micha freigestrampelt, um frei zu sein. Ich habe Jahre davon geträumt, allein in der Natur zu sein, und jetzt, kurz vor dem Ziel, verliebe ich mich in einen Musher und ziehe in einen finnischen Clan, dazu mit Kindern, die nicht meine sind. Die Kinder sind süß, keine Frage, aber ich möchte eigentlich gar keine. Weil man auf Kinder Rücksicht nehmen muss. Ich möchte allein sein, in der Natur, basta.

Aber immer? Möchte ich das auch, wenn ich die nächsten drei Jahre immer noch durch den Kontinent strampele?

Irgendwann, als alles herausgepustet ist, kommen wieder andere Gedanken in mir hoch. Es ist, als ob ich eine weitere, höhere Stufe erreicht hätte. Es geht um Übergeordnetes. Wo ist mein wirklicher Platz im Leben? Was macht mich froh? Wo gehöre ich hin?

Ich möchte eine Vorstellung davon haben, was ich machen werde, wenn ich das Rad abstelle. Ich vermisse Samu, den Austausch mit ihm, unseren Gleichklang, die gemeinsamen Ausfahrten. Es ist ein herrlich warmes Nest in Lappland, das auf mich wartet. Es ist schön, an Samus Brust einschlafen zu können, und schön, wenn die Kinder angelaufen kommen, um sich auf meinen Schoß zu setzen.

Ich trete noch viele Tage in die Pedale und wäge all das in meinem Kopf ab. Aber ich taumele zwischen den alternativen Lebensformen hin und her, Tausende von Kilometern lang, und irgendwann, auf dem letzten Drittel der Reise, entscheidet mein Herz: Ich will zu meinem Samu, zu meiner Familie, an den Platz, an den ich gehöre. Aber ich will ein Agreement mit dem Mann, den ich liebe. Er muss mich ab und zu ziehen lassen, mir »Freedom light« ermöglichen. Und dann, da bin ich jetzt ganz sicher, dann wird endlich alles gut.

* * *

»Der erste Eindruck entscheidet.« Das habe ich einmal in einem Film gehört. Im Anflug auf Rovaniemi denke ich an diesen Satz. In wenigen Minuten werde ich dem Mann gegenüberstehen, den ich liebe. Mehr als sechs Monate haben wir uns nicht gesehen, allerdings besonders in den letzten drei Wochen viel gesprochen. Ich war nach meiner Tour noch in der Schweiz bei meinen Eltern und habe die Zeit auch dazu genutzt, Samu zu sagen, was ich empfinde.

Seine Reaktion war einfach und treffend. »Ich habe so sehr gehofft, dass du wiederkommst. Jetzt bin ich der glücklichste Mann auf der Welt.«

Für mich hat sich das wunderbar angehört.

Auch auf meinen Hinweis, dass ich ab und zu meine Freiheit brauche, um aufzutanken und mich von zu viel »Ist« zu befreien, reagiert er perfekt. Ich erzähle ihm davon, dass ich hin und wieder losdüsen möchte und mit den Hunden allein sein will. Ich möchte allein im Schnee übernachten, unter freiem Himmel aufwachen und mit nichts sein außer mir selbst, das ist es, was ich dann brauche.

»Die besten Huskys sind die, bei denen man die Käfigtür offen lassen kann«, antwortet Samu, und ich weine vor Glück.

Ich will zu Samu, mit jeder Faser meines Herzens.

Und jetzt sehe ich ihn. Er steht in der Eingangshalle und lächelt mich so warm an, dass meine Knie weich werden. Ja, ich liebe ihn wirklich! Sekunden später liege ich in seinen kräftigen Armen, wohlig warm und geborgen wie ein Küken im Nest. Ich rieche seine Haut und bin sicher, dass ich auf dem richtigen Weg bin.

Und wir machen Nägel mit Köpfen. Wenn die Lodge jetzt mein Zuhause sein soll, mag ich keine Angestellte sein. Ich biete Samu an, 50 Prozent zu übernehmen und mich einzukaufen. Ich habe etwas Erspartes, und meine Eltern strecken mir einen Teil meines Erbes vor. Samu ist einverstanden. Er versteht, dass ich diese Sicherheit brauche.

»Jetzt habe ich eine halbe Lodge in Finnland«, sage ich zu Monika am Telefon und bin rundherum fröhlich.

»Und? Ist es das, was du möchtest?«, fragt sie mich trotz meiner Jubelstürme, und ich zögere nicht, sofort ein klares »Ja« zu rufen. »Ich bin glücklich!«

***

»Ich weiß genau, was los ist. Mich kannst du nicht veralbern.« Samus Stimme klingt merkwürdig verzerrt, und er atmet schwer. Seit heute früh bombardiert er mich mit Anrufen und macht mir Vorwürfe. Angeblich hintergehe ich ihn, lüge, verhalte mich hinterhältig und gerissen, und noch so vieles mehr.

Ich bin mit einer großen Gästegruppe auf einer dreitägigen Kanutour auf dem Iijoki, einem zauberhaften kleinen Fluss, der durch ein dichtes Waldgebiet führt. Samu hat sich eingeredet, einer der Gäste hätte ein Auge auf mich geworfen, und macht richtigen Terror. Schon kurz nach der Ankunft der Gästegruppe hatte er Nick, einen sympathischen Lehrer aus Deutschland, auf dem Kieker.

Ich weiß nicht mal, was er gemacht haben soll, aber Samu war sofort aus dem Häuschen, als Nick unsere Farm betrat.

»Denk bloß nicht, dass ich nicht weiß, was dieser Kerl von dir will!«, hat er mich sofort angeblafft.

»Er will nichts von mir«, habe ich ihm bestimmt ein halbes Dutzend Mal versichert, immer mit dem Zusatz: »Samu, bitte hör jetzt auf damit.«

Aber es ist mir nicht gelungen, ihn zu beruhigen.

Samus Eifersucht ist leider ein fester Bestandteil unserer Beziehung. Seitdem ich den Teilhabervertrag unterzeichnet habe und »offiziell« zu ihm ins Haupthaus gezogen bin, ist er fast schon besessen davon. Warum es vorher nicht so war, kann ich mir nur damit erklären, dass er durch die Trennung von Siiri starke Verlustängste aufgebaut hat. Zumal er auch immer weniger Kontakt mit seinen Kindern hat, die nach der Scheidung viel bei ihrer Mutter sind. Es kann aber auch sein, dass mein ungebundenes Naturell nicht gut für ihn ist und seine Ängste noch verstärkt. Bewusst habe ich jedenfalls mein Verhalten nicht geändert.

Wir haben und hatten immer viele männliche Gäste, und es war immer jemand dabei, mit dem ich mich besonders gut verstanden habe. Früher schien er das gar nicht wahrzunehmen, aber neuerdings funkt er sofort dazwischen, macht blöde Bemerkungen, und wenn ich nicht darauf reagiere, wird er angeblich krank und versucht, mit Mitleid meine Aufmerksamkeit zu erhalten.

Mal hat er es am Herzen, mal leidet er an einer Infektion, mal quälen ihn Depressionen. Das mag alles traurig sein, aber wir haben eine Firma und Termine. Ich kann mich nicht um meinen grundlos jammernden Mann kümmern, wenn das Haus belegt ist. Denn mittlerweile haben wir nicht nur eine Lodge, sondern auch vier Gästezimmer, die wir vermieten. Das heißt, unsere Gäste sind rund um die Uhr mit uns zusammen und haben Anspruch auf gut gelaunte Gastgeber und das gebuchte Programm und bestimmt keine Lust auf ein irres Paar, das sich mit Eifersuchtsdramen beschäftigt und seine Gäste vernachlässigt.

Doch Samu ist das in solchen Momenten egal. Er kann eben, wenn er mich mal wieder »erwischt« hat, keine Touren fahren, nicht die ihm anvertrauten Gäste betreuen und manchmal nicht mal aufstehen.

Um unser Unternehmen nicht zu gefährden, halte ich mich mittlerweile bei männlichen Gästen schon sehr zurück. Eigentlich bin ich ein offener, fröhlicher Mensch, der gern plaudert, Witze macht, die Gruppe gut zusammenhalten kann. Aber wenn ein Mann es angeblich mal wieder »auf mich abgesehen hat«, muss ich mich verbiegen und möglichst reserviert wirken, zumindest gerade noch so, dass es der Stimmung der Gäste und der Firma nicht schadet.

»Heute Morgen habe ich genau gesehen, wie anzüglich dich der Kerl angegafft hat«, schreit Samu mir jetzt durch den Hörer zu.

Wir übernachten heute auf einer zauberhaften Lichtung mit Seeblick, und die Gäste sind dabei, die Boote an Land zu ziehen und die Zelte aufzubauen, und bekommen von seinem Geschrei glücklicherweise nichts mit. Aber wenn er noch zehnmal durchklingelt, merken sie natürlich, dass der Chef nicht richtig tickt.

Ich stelle mich etwas abseits und versuche, ihn zu beruhigen. »Samu, bitte, hier sind zwölf Leute. Ich lasse mich jetzt nicht auf lange Diskussionen ein. Beruhige dich bitte.«

»Ja, ja, ich soll nichts mehr sagen, damit du machen kannst, was du willst«, meint er, und ich versuche weiter beharrlich, ihn zu beruhigen.

»Morgen kommen Tagesgäste zum Fischen. Samu, bitte konzentriere dich darauf. Wir wollen das Geschäft auch ausbauen.«

Ich hoffe, ich bekomme ihn zur Vernunft, und bin erleichtert, weil er einen Moment lang recht vernünftig antwortet. Aber ich weiß mittlerweile, dass das kein verlässliches Zeichen ist. Ich bin schon froh, wenn ich ihn wenigstens dazu bringe, sich morgen nicht ins Bett zu legen. Denn dann bekommen wir richtig Probleme mit dem Veranstalter. Er muss sich morgen verlässlich um unsere anreisenden Gäste kümmern.

Immerhin, es scheint zu klappen. Samu verabschiedet sich knapp, aber freundlich. Ich bin erleichtert und kann mich endlich weiter um die Truppe kümmern. Wir haben auch einen wunderbaren Abend, grillen und reden. Es ist schon Mitternacht, als wir alle in unsere Zelte gehen, voller Freude auf die Abenteuer, die morgen vor uns liegen. Doch ich bekomme kein Auge zu, es geht mir zu viel durch den Kopf.

Seit drei Jahren bin ich jetzt hier oben und mit meinem Leben nach wie vor zufrieden. Die Natur berührt wie immer mein Herz. Die Familie ist super. Wir kommen gut miteinander aus, und unsere beruflichen Pläne laufen perfekt an. Wir haben investiert, können das aber gut managen. Das Sommergeschäft ist eine ideale Ergänzung, die vier Zimmer sind damit fast rund ums Jahr gut belegt. Ich arbeite wirklich viel, kann aber in dieser herrlichen Umgebung wunderbar auftanken. Wenn ich freie Tage habe, spanne ich meine Hunde ein und mache, was mich am meisten reizt: Ich fahre durch die Natur, allein, und spüre, wie sich alles in mir wieder richtet und meine Seele sich erholt.

Mein Leben könnte also nahezu perfekt sein, wenn nicht Samu diese zweite Seite zeigen würde. Anfangs hat er seine Eifersucht noch recht fix wieder in den Griff bekommen, aber je näher und inniger unsere Partnerschaft wurde, desto länger zogen sich seine Attacken hin. Ich vermute, dass es auch daran liegt, dass er sich plötzlich komplett auf mich fixiert, was er mit immer absurderen Vorwürfen zum Ausdruck bringt.

Seine Eltern bekommen das meistens gar nicht mit, und die Gäste erleben das Theater nur kurz, weil er ja dann angeblich krank ist und nicht mehr auftaucht. Aber an mir geht das nicht spurlos vorbei. Das ständige Drama belastet mich sehr. Die dauernde Unruhe, weil jeden Moment eine Bombe platzen kann, die viele Arbeit für zwei und die Demütigungen, ständig beschuldigt und angebrüllt zu werden. All das tut mir nicht gut und kostet mich Kraft. Kraft, die ich nicht unendlich habe.

Was ist das? Ich schrecke hoch. Draußen höre ich Motorengeräusche, die ich mir nicht erklären kann. Als ich vorsichtig das Zelt öffne, sehe ich unser Auto. Samu ist da! Mit einer Taschenlampe läuft er durchs Camp. Die ersten Gäste werden wach. Meine Güte, er sucht nach mir. Mit klopfendem Herzen gehe ich ihm entgegen. Ich habe nur noch vor, die Situation zu retten.

»Samu, was ist passiert?«, frage ich leise.

»Du musst nach Hause, sofort!«

»Samu, bitte, lass uns nach Tourende sprechen.«

»Nein, du kommst mit. Sofort. Jetzt!« Seine Augen blitzen gefährlich. Ich bin froh, dass er leise spricht und keine lautstarke Szene macht.

Er hat auch Mark, unseren Mitarbeiter, dabei. Der soll die Truppe weiter übernehmen.

Ich schauspielere, so gut ich kann, mache Andeutungen, dass ich gebraucht werde, und habe nur noch im Sinn, Samu irgendwie von den Gästen fernzuhalten. Ich habe Angst, dass er diesem Nick noch eine Szene macht.

Zum Glück ist er nicht früher aufgetaucht, denn dann hätte er gesehen, dass ich mit Nick entspannt zusammengesessen habe und wir uns wunderbar über eine seiner Kanutouren unterhalten haben. Nicht auszudenken, wie das hätte enden können.

Ohne ihn weiter zu reizen, packe ich meine Sachen zusammen und steige zu ihm ins Auto. Mark erzählt den Gästen von einem Notfall. Als wir losfahren, redet er zum Glück recht leise auf mich ein, versucht zu erklären, warum er so handeln musste. Mir ist klar, dass ihm sein Auftritt längst peinlich ist und er irgendwie versuchen möchte, Ruhe hereinzubringen. Aber ich habe genug von seinem Zirkus. Ich will nichts hören. Ich will ins Bett und diesen Abend vergessen. Doch etwas muss sich ändern.

***

Das Telefon klingelt ständig. Es ist immer dasselbe: Sowie ich das Haus verlasse, ruft Samu mich an. Ob ich zum Einkaufen fahre, auf dem Weg zum Flughafen bin oder mich mit dem Tourismusverband treffe, Samu findet einen Vorwand, um nachzufragen, was ich gerade mache. Er wird bereits nervös, wenn ich nur das Firmengelände verlasse, und häufig verfolgt er mich dann mit seinen Fragen. Es beginnt immer gleich mit »Bist du allein?«. Aber egal, was ich antworte, es geht dann weiter. »Wer ist da?« und »Kenne ich den?« und »Was will der von dir?«. Meistens kann ich ihn beruhigen, und er gibt eine Zeit lang Ruhe, weil ich ja wirklich allein bin. Aber manchmal, besonders wenn ich längere Zeit unter Menschen bin, eskaliert es. Es könnte ja ein Mann in meiner Nähe sein, und dann muss ich damit rechnen, dass Samu sich ins Auto setzt und mich verfolgt.

Samus Eifersucht hat mittlerweile krankhafte Züge angenommen, und ich halte eine fachliche Behandlung für dringend angebracht. Aber Samu lässt auch in ruhigen Momenten nicht mit sich reden.

»Das ist ja nur, weil du mir einen Anlass gibst«, sagt er gern und hofft damit, das Thema kleinzureden. Wenn die Attacke vorbei ist, schämt er sich nämlich dafür. Ich versuche deshalb, seine Eifersuchtsattacken immer schnell abzuhaken und so viel Normalität wie möglich zu leben. Wir haben mittlerweile 100 Hunde und ein wirklich anerkanntes Geschäft. Da müssen die Abläufe stimmen, und wir können uns nicht in alberne Diskussionen verstricken.

Aber leider ist das ganze Stalking-Programm nur ein Teil des Problems. Noch schlimmer sind für mich Samus lautstarke Vorwürfe, mit denen er mich zusätzlich noch drangsaliert. Angeblich animiere ich ständig andere Männer, spiele pausenlos mit meinen Reizen und signalisiere jedem, dass ich ganz leicht zu haben bin. Es ist wirklich verrückt. Diese herbeifantasierten Vorwürfe bestimmen mittlerweile unseren kompletten Alltag. Es ist unwichtig, ob ein männlicher Gast da ist oder nicht. Samu denkt sich die Konkurrenten einfach aus. Wenn ich aus der Stadt zurückkomme und in der Haustür stehe, geht es bereits lautstark los: »Du hast …« – ich kann diesen Einstieg nicht mehr hören. Ständig mache ich angeblich etwas mit irgendwelchen Männern, das ihn verletzt, kränkt oder ihm sonst wie zusetzt.

Wenn ich darauf eingehe, hört er nicht auf, wenn ich nicht reagiere, auch nicht. Er setzt mich damit unter Druck und raubt mir jede Energie. Ich muss mich unglaublich zusammenreißen, um mein Arbeitsprogramm zu schaffen. Ähnlich anstrengend ist es, wenn er leidend auf dem Sofa liegt und ich die ganze Arbeit machen muss. Zum Glück lassen mich Antti und Vilma nicht hängen.

»Samu ist sensibel«, meint sein Vater immer und kümmert sich rührend um alle anfallenden Aufgaben. Vilma hält die Küche in Schwung. Und gemeinsam kriegen wir die Firma durch, während Samu viele Stunden im Bett liegt und sich selbst bemitleidet.

»Dieses Leben raubt dir deine Kraft«, meint meine Mutter, als sie uns an Weihnachten besucht und einige dieser Szenen mitbekommt. »Du siehst schlecht aus!«

»Ich weiß«, nicke ich. »Aber ich habe mich auf ihn und dieses Leben eingelassen. Ich suche nach Wegen, ihm Sicherheit zu geben, damit er spürt, dass seine Verlustangst unbegründet ist.«

Meine Mutter sieht mich jetzt fast schon warnend an. »Das klingt leicht, ist aber verdammt hart. Denn du beginnst, dich in deiner Rücksicht zu verlieren.«

»Woran siehst du das?«

»Du wirkst ständig angespannt, wie ein Tier, das immer auf der Hut sein muss. Das ist Dauerstress, Barbara, und gefährlich für dich, für deinen Körper und auch für deine Psyche.«

»Aber was soll ich denn tun? Was rätst du mir?«

»Nicht der Gesunde muss einen neuen Weg gehen, sondern der Kranke, sage ich immer. Das passt auf euch beide gut. Er hat das Problem, nicht du. Und Samu muss etwas ändern, nicht du.«

»Aber wenn ich wieder so lebe, wie ich es möchte, explodiert hier alles, und ich kann mein ganzes Leben vergessen. Doch ich liebe es, ich will das nicht aufgeben.«

Mutti versteht mich. Liebevoll legt sie den Arm um meine Schulter, als wir später ein bisschen durch die Winterlandschaft spazieren. »Weißt du, vielleicht ist es hilfreich, wenn du ihn mal mit in die Schweiz nimmst. Distanz schafft Klarheit, das sagst du doch immer. Also, macht Urlaub, gemeinsam, in einer neuen Umgebung. Das wird eurer Beziehung vielleicht helfen.«

»Danke, Mutti, es ist so gut, dass du mir helfen willst. Ich möchte hier nicht weg! Ich komme gern in die Schweiz, ich will wirklich alles versuchen, um dieses wunderbare Leben hier oben behalten zu können!«

* * *

Seit zwei Wochen bin ich nun mit Samu in Thun, und ich habe das Gefühl, mit einem fremden Mann zusammen zu sein. Samu, der in Finnland zumindest anfangs so selbstbewusst und charmant war, wirkt hier still, schüchtern, unsicher.

»Man sieht ihm an, dass er wenig von der Welt gesehen hat«, bringt es mein Vater auf den Punkt, als ich am Abend mit ihm allein in der Küche sitze und wir eine Käseplatte genießen. Samu ist mit meiner Mutter unterwegs. Die beiden wollen meine Schwester Käthi besuchen.

»Ja, Vati, das ist wohl so. Samu fühlt sich nur in seiner gewohnten Umgebung wohl. Mittlerweile glaube ich, dass ich ihm mit meiner neugierigen und aufgeschlossenen Art gar nicht guttue.«

Mein Vater nickt. »Das denke ich auch. Du sprichst viele Sprachen, hast reichlich von der Welt gesehen und bist entsprechend offen und interessiert. Samu hat seine kleine, überschaubare Welt. Du machst ihn unruhig, indem du in alle Richtungen schaust. Ich glaube, er weiß insgeheim, dass er dich nicht halten kann, und versucht auf diese Weise, dem Lauf des Schicksals ein Schnippchen zu schlagen.«

Ich stecke mir nachdenklich ein Stück Greyerzer in den Mund und lasse Vatis Aussage sacken. Es klingt logisch. Vielleicht sind wir nicht das Dreamteam, für das ich uns gehalten habe. Uns verbindet viel, ganz sicher, aber vielleicht nicht genug.

»Was rätst du mir denn?«, frage ich jetzt.

Während mir mein Vater eine Scheibe vom dunklen, mit altem Gouda garnierten Brot reicht, meint er: »Ich kann dir nichts raten. Aber du weißt ja, dass du irgendwann spürst, was gut und richtig für dich ist. Wichtig ist nur, und das hat dir deine Mutter auch schon gesagt, dass du dich nicht selbst verlierst, weil du Samu alles recht machen möchtest, um ihm seine Ängste zu nehmen. Das ist der falsche Weg.«

In den nächsten Tagen denke ich viel an unser Gespräch in der Küche. Ich glaube, mein Vater sieht es genau richtig, und ich bin ihm dankbar für seine offenen Worte.

Als ich mit Samu nach zwei Wochen in der Schweiz

wieder Richtung Finnland fliege, sehe ich ihn anders als zuvor. Er ist nicht der starke Mann, für den ich ihn gehalten habe, kein Fels in der Brandung des Lebens. Nein, er ist ein Mann, der mit seinem Leben nicht zufrieden ist, der die Trennung von seiner Frau und damit auch von den Kindern nicht verarbeitet hat und der jetzt an mir hängt wie ein Ertrinkender an einem Rettungsanker. Ich weiß nicht, ob ich diesen Druck aushalte. Ich habe Angst um das Leben, das ich mir so sehr erträumt habe.

Beim Landeanflug auf Rovaniemi ergreift Samu meine Hand. Ich spüre diese wohltuende Wärme, seine Nähe und bin glücklich. Ich liebe ihn, und genau das macht alles so schwer für uns. Aber ich werde ihm helfen, mehr Sicherheit zu bekommen, damit unsere Liebe wieder so unbeschwert werden kann wie am Anfang. Ich werde nicht zulassen, dass mir mein schönes Leben wegen Samus Verlustängsten und Eifersüchteleien um die Ohren fliegt. Dieses Mal werde ich kämpfen.

※ ※ ※

Ich kämpfe gegen Windmühlen, die sich immer schneller drehen. Nach unserer Rückkehr aus der Schweiz wird unser Miteinander noch unerträglicher. Samu macht mir quasi rund um die Uhr Szenen, längst auch hemmungslos vor den Gästen. Ich versuche, das kleinzulächeln, aber ich bin sicher, es gelingt mir nicht mehr. Dazu die ständigen Vorhaltungen, die mir immer mehr zusetzen. Bei jedem »Du hast ...« bekomme ich mittlerweile Magenschmerzen, und in meinem Kopf wirbeln die Gedanken. Was habe ich wieder gemacht? Was war falsch? Was kann ich besser machen, damit er zufrieden ist und aufhört?

Antworten darauf finde ich nicht. Meine Gedanken sind mittlerweile genauso chaotisch wie Samus Vorwürfe. Ich kann nicht mehr richtig essen und bin ständig nervös. Ich fühle mich wie ein gehetztes Tier und weiß nicht, wie ich diesem Dauerdruck entkommen kann.

Ich weiß auch nicht mehr, wie ich mir helfen kann. Monika, Käthi, meinen Eltern, ich habe ihnen viele Male diese Geschichten erzählt. Sie haben zugehört, aber ändern können sie es nicht für mich. Das muss ich tun. Wenn ich diesen pathologischen Taumel hier nicht beende, bin ich selber schuld, wenn ich daran kaputtgehe. In meinem Kopf drehen sich die Gedanken, ständig, Tag und Nacht. Manchmal denke ich, ich werde verrückt.

Aber ich will nicht weg. Ich will dieses Leben hier nicht aufgeben. Die Tiere, die Familie, die Natur, das alles passt. Hier ist mein Zuhause.

Ich sitze in der Falle, wie schon einmal zuvor.

Wenn es ganz schlimm wird, schnappe ich mir Remo und haue einfach ab. Dann wandere ich zu einer der vielen Hütten und igele mich dort ein. Allein in der Natur, sicher vor Samu, finde ich zumindest vorübergehend Ruhe und kann mich erholen. Ich sitze dann stundenlang auf einer der Holzbänke, häufig mit einer Tasse Tee in der Hand, zu meinen Füßen liegt Remo, und ich spüre, dass sich langsam mein Kopf leert und alles wieder friedlich wird. Aber wenn ich nur daran denke, dass ich zurückmuss, beginnt mein Körper zu wirbeln. Mein Herz rast, mein Magen rumort, und ich bekomme manchmal sogar schon keine Luft mehr, wenn ich auf dem Heimweg bin. Ich mache mir Sorgen.

✳ ✳ ✳

Es ist, als hätte man mir den Stecker gezogen und damit den Energienachschub abrupt unterbrochen. Ich wollte heute früh aufstehen und hatte nicht die Kraft, ein Bein aus dem Bett zu setzen. Jetzt ist es Mittag, und ich liege immer noch auf dem Rücken, wie erfroren.

»Soll ich dir etwas zu essen bringen?«, fragt mich Samu besorgt, und ich habe Mühe, ein »Nein danke« herauszupressen. Samu scheint mein Anblick zu erschrecken, denn er ist ungeheuer lieb und fürsorglich, streichelt mich und fragt, ob er den Arzt rufen soll.

Aber genau das möchte ich alles nicht. Ich möchte nur so liegen bleiben, starr, stumm, irgendwie abgeschnitten vom Leben. Ich sehne mich nach Ruhe, kann keine Diskussionen, Vorhaltungen und Angriffe mehr ertragen. Ich kann nicht mehr und bin nur grenzenlos müde.

Mein Körper hat sich ausgestellt. Er will nicht mehr weitermachen. Und meine Seele hat ebenfalls schlapp gemacht. Ich bin ausgelaugt und ohne jede Energie.

In meinem Kopf passiert auch nichts mehr. Er ist genauso leer wie mein Körper. Ich bin unfähig, zu sprechen und irgendetwas zu tun. Ich schlafe viel, döse, starre in die Luft. Ich vergesse, wo ich bin, und empfinde mich wie in einer Art Schwebezustand.

»Du hast bestimmt einen Infekt!«, meint Vilma. Sie sitzt jetzt an meinem Bett und hält meine Hand.

Auch Antti kommt, die Kinder, alle sehen mich an, und ich sehe durch sie hindurch. Ich brauche Ruhe, sonst nichts. Meine Seele hat dichtgemacht, mein Körper hat sich abgeschaltet, mein Kopf ist geschlossen. Ich lächele. Ich will sie nicht belasten. Doch es ist kein Infekt. Es ist ein Burn-out. Ich kann nicht mehr so weitermachen. Jetzt wirken die Selbstheilungskräfte, und ich will sie nicht stören. Sie werden mich wieder auf die Beine bringen. Aber ich muss aus dem Breakdown etwas lernen.

* * *

Zwei Wochen war ich ausgeknockt und bettlägerig. Eine Zeit, die mir Angst gemacht, mir aber auch die Augen geöffnet hat. Wenn mein Kopf schon nicht vernünftig war, so war es wenigstens mein Körper. Er hat den fatalen Entwicklungen nicht mehr zugesehen und die Reißleine gezogen. Ich muss wieder frei sein von Samus Attacken. Sonst gehe ich unter und verliere mich in seinem Psychotaumel. Ich kann sein Leben nicht für ihn richten, das kann nur er. Und wie immer, wenn ich an einem Wendepunkt stehe, weiß ich wieder, was ich jetzt so dringend brauche, um meine Gedanken zu ordnen und wieder Kraft zu finden: Ich muss weg, für lange Zeit und vor allem allein!

KAPITEL 7

Wir telefonieren viel, okay? Die Zeit vergeht schnell, ganz bestimmt.« Ich stehe mal wieder am Flughafen, und mal wieder hält Samu meine Hand. Dieses Mal fliege ich nach Südamerika und plane ein halbes Jahr für meine Reise ein. Zuerst geht es nach Bogotá in Kolumbien, und von dort aus möchte ich diverse bekannte Trails laufen und bis nach Feuerland wandern. Es ist eine Entfernung, die ich in Lappland nie laufen könnte, nicht einmal in Europa. Und genau das reizt mich. Zu wandern liebe ich, seit ich aus dem Tragesitz meines Vaters blinzeln konnte, aber mittlerweile reizen mich die langen Endlosstrecken. Ich will laufen, ohne ein nahes Ziel vor Augen zu haben. Und das allein.

Der Abschied ist auch jetzt nicht leicht. Samu versteht nicht wirklich, warum ich wegmöchte. Eine krankhafte Eifersucht sieht er bei sich nach wie vor nicht und die Notwendigkeit, sich Hilfe zu suchen, erst recht nicht.

Aber er hat offensichtlich Angst um mich und macht mir zumindest keine Vorwürfe mehr. Er hat in den letzten Wochen gesehen, wie schlecht es mir ging. Ich, die quirlige Powerfrau, lag plötzlich im Bett wie eine Greisin. Das hat nicht nur mich aufgerüttelt, sondern auch ihn. Seit meinem Zusammenbruch geht er sehr milde mit mir um.

Zudem haben seine Eltern mit ihm gesprochen und ihm deutlich klargemacht, dass er sein Verhalten ändern muss, und meine Eltern haben ihn überzeugt, dass meine Reise der richtige Weg ist, erst einmal zu mir zu finden.

Gut, andere Menschen gehen vielleicht in eine Klinik, um wieder gesund zu werden. Ich wäre am liebsten in Lappland geblieben und hätte mit den Hunden ausgiebige Touren durch die Wildnis gemacht. Aber ich brauche längeren Abstand von Samu, und dafür ist diese Region nicht gemacht. Es gibt keine langen Trails, die man nutzen kann, und außerdem ist die Region so dünn besiedelt, dass man sich nicht versorgen kann. Und noch etwas spricht dagegen: Mein Körper ist im Moment nicht stabil genug, um längere Zeit bei dem Klima draußen zu sein. Die Kälte zerrt, die Konzentration auf die Tiere und den Schlitten auch. Ich bin solchen Belastungen gerade nicht gewachsen. Außerdem würde mir der Abstand fehlen. Ich brauche neue Bilder, um in meinem Kopf und meinem Herzen die Reset-Taste zu drücken und die leer gefegte Festplatte ganz neu zu bespielen.

Samu weint jetzt. Es bricht mir fast das Herz, ihn so traurig zu sehen. Aber ich kann keinen Rückzieher mehr machen und in das Leben mit ihm zurückgehen. Zum einen bin ich sicher, dass er schnell wieder in sein altes Muster zurückfallen würde, und zum anderen brauche ich diese Zeit, um mich nur auf mich konzentrieren zu können. Das hat mir schon immer geholfen, und gerade jetzt, in dieser für mich einmaligen Not, muss ich mir das gönnen. Ich suche nicht den Luxus einer Fernreise, ich suche das Überleben im Alleinsein. Mein Kopf und mein Herz werden anders nicht mehr frei und mein Körper nicht mehr gesund.

Doch als ich jetzt am Flughafen stehe, den fast gebrochen wirkenden Mann an meiner Seite, fühle ich mich schon ein bisschen rücksichtslos.

»Du bist sehr hart zu anderen!« Der Satz meiner Schwester klingt mir wieder im Ohr. Sie hat ihn gesagt, als ich damals nach Finnland gegangen bin und Micha in der Schweiz zurückgelassen habe. Jetzt lasse ich Samu zurück. Verhalte ich mich wieder hart?

»Die Maschine ist jetzt zum Einsteigen bereit«, ertönt es aus dem Lautsprecher.

»Ich liebe dich!«, haucht mir Samu ins Ohr.

»Ich dich auch«, sage ich leise und meine das auch so.

Dann packe ich meinen Rucksack und gehe zum Gate. Samu winkt mir nach. Mein Herz ist schwer, sehr schwer.

Später, im Flugzeug, grübele ich über Käthis Satz nach. Ich habe mir etwas zu trinken bestellt, den Sitz nach hinten gekippt und mir einen Kopfhörer aufgesetzt. Was ist es, was mich angeblich »hart« sein lässt?

Ich glaube, es ist nicht egoistisch, zu gehen, aber es ist rücksichtslos, herumzueiern.

Das ist es, was sich durch mein ganzes bisheriges Leben zieht und schon für viele Probleme gesorgt hat. Ich will eigentlich allein sein, für mich leben, aber ich lasse mich immer wieder locken, von dem Reiz der Liebe, der Sehnsucht nach Zweisamkeit, aber auch der Vorstellung, so leben zu müssen, wie es alle anderen auch tun. Getreu dem Motto: Es kann nicht falsch sein, wenn es normal ist. Ich will zwei Leben führen, und das kann niemals gut gehen.

Wenn ich so leben will, wie ich es mir jetzt erträume, kann ich mir keine Beziehung erlauben. Wer will schon eine Partnerin, die bei jeder Krise allein losdüst. Ich muss mich entscheiden, mal wieder, und dieses Mal sollte es endgültig sein, denn sonst lasse ich verbrannte Erde zurück, beziehungsweise verletzte Herzen, und ende selber in einer andauernden Unzufriedenheit.

* * *

Ich habe Angst! Seit einer halben Stunde sitze ich im bolivianischen La Paz im Zimmer eines kleinen Hostels auf dem Bett und fürchte zum ersten Mal in meinem Leben, dass mir etwas passieren könnte. Die Tür ist von außen abgeschlossen, und ich weiß nicht, was die Typen draußen mit mir vorhaben. Ich war leichtsinnig und verstehe mich selber nicht mehr.

Nach drei Wochen in der Wildnis sehnte ich mich heute früh nach einer wohltuenden Dusche, einem leckeren Essen, vielleicht sogar einem Glas Wein und habe auf dem Weg in die Stadt drei Männer angesprochen und nach einem Tipp gefragt.

»Wir kennen ein gutes Hostel, komm mit, wir bringen dich hin«, meinte einer von ihnen, der sich mit Jorge vorstellte.

Wer allein unterwegs ist, muss vertrauen. Mit Angst kann man solche Touren nicht machen. Ich denke immer zuerst positiv, und so habe ich den drei Männern vertraut, wie sich jetzt herausstellt, war das unvorsichtig.

Das Hostel, zu dem sie mich gebracht haben und in dem ich jetzt eingeschlossen bin, ist klein, einfach, gut besucht. Ich habe beim Hineingehen gesehen, dass an der Bar viel Trubel herrschte. Die Männer waren eine Spur zu laut, die Mädchen eine Spur zu lasziv. Das hätte mich misstrauisch machen müssen. Aber auch als mir eine viel zu leicht bekleidete Angestellte das Zimmer zeigte, fiel bei mir nicht der Groschen. Ich bin arglos mit nach oben gegangen und habe erst gemerkt, dass etwas nicht stimmt, als die Tür hinter mir verschlossen wurde.

»Hey, please, open the door«, rufe ich jetzt bestimmt schon zum zehnten Mal, aber alles bleibt still, ich höre nicht einmal Schritte. In meinem Kopf ist alles auf Alarm gestellt. Wo bin ich genau? Und warum werde ich eingeschlossen?

Ich spüre, dass mir die Angst immer tiefer in die Knochen kriecht. Es ist mittlerweile dunkel. Die Straße wird nur durch eine Minifunzel spärlich beleuchtet. Es ist eindeutig, dass etwas nicht stimmt. Ich tippe, dass ich in einem Bordell gelandet bin oder in einem Frauenhandel. Ich bin Ausländerin, von der niemand weiß, dass sie hier ist. Unten johlen betrunkene Männer. Ich bin wirklich in Gefahr.

In meinem Kopf gehe ich durch, was ich machen kann. Mein Handy hat keinen Empfang, das habe ich schon geprüft. Ich kontrolliere meinen Rucksack, sehe nach meinem Pass, dem Bargeld und den Reiseschecks. Alles ist da, noch.

Ich höre Schritte, dann das Drehen des Schlüssels. Jorge steht in der Tür.

»Ven aquí«, sagt er eine Spur zu heftig.

Ich bin hellwach. Alles in mir ist auf Verteidigung aus. Ich bin kräftig, sehr durchtrainiert. Gegen einen Mann habe ich eine Chance. Ich stehe auf, lächele Jorge bewusst freundlich an.

»Kann ich etwas trinken?«, frage ich und spiele das gut gelaunte Dummerchen, das nicht mitbekommt, was gespielt wird.

»Sí, sí«, meint Jorge und weist mir mit der Hand den Weg nach unten an die Bar. »Bestelle dir, was du magst.«

Ich lächele wieder, fixiere dabei aber die Tür. Er muss sich sicher fühlen, nur dann habe ich eine Chance. Zum Glück geht er vor mir die Treppe hinunter und bemerkt nicht, dass ich mir meinen Rucksack schnappe. Lammfromm stapfe ich hinter ihm her Richtung Bar.

In einem Moment, in dem sich Jorge zu zwei kartenspielenden Männern stellt, ergreife ich das kleine Zipfelchen einer Chance. Ich drehe mich auf dem Absatz um und renne zum Haupteingang. Und dann heißt es laufen, laufen, laufen. Ich renne so lange, bis ich an einen großen Innenstadtpark komme.

Hier, wo um diese Zeit keine Menschen mehr sind, hier fühle ich mich sicher. Ich lehne mich an einen Baum, und dicke Tränen rinnen mir über das Gesicht.

Seit drei Monaten bin ich in Südamerika unterwegs. Viele haben mich gewarnt, dass die Kriminalität sehr hoch ist und ich als allein reisende Frau besonders gefährdet bin.

»Nimm dich in Acht!« Ich weiß nicht, wie oft ich das gehört habe. »Ich habe keine Angst«, habe ich immer geantwortet, und das stimmte auch, bis heute. Ich hatte sehr wohl Angst, mächtige Angst, und das vermutlich zum Glück, denn keine Angst zu haben macht unvorsichtig und leichtsinnig. Ich habe es gerade erlebt, als ich sorglos den drei Typen hinterhergestiefelt bin.

Ich weine jetzt bitterlich. Ich bin allein in La Paz unter einem Baum, habe einen Teil meines Gepäcks zurücklassen müssen und war vermutlich als Sexgespielin einer Männerbande vorgesehen. Schlimmer hätte es nicht kommen können.

Mein Magen knurrt. Zum Glück habe ich noch etwas Wasser bei mir, und ich genieße es in kleinen Schlucken als Einziges, was mich jetzt noch trösten kann.

Diese Nacht wirft mich zurück. Ich habe so eine Angst wie heute noch nie gespürt, und ich habe mich auch noch nie so leichtsinnig selber in Gefahr gebracht. Ich hätte unbedingt wachsamer sein müssen.

Als mir die Augen zufallen, bin ich dankbar, entkommen zu sein. Jetzt brauche ich Schlaf. Ich kann nicht mehr.

Am nächsten Morgen geht es mir besser. Ich wage mich vorsichtig aus meinem Park heraus in die Zivilisation, gehe essen und kaufe die Sachen nach, die ich im Hostel in der Eile zurücklassen musste. Dann miete ich mich in einem kleinen, ordentlichen Hotel ein und erhole mich von den beängstigenden Strapazen. Der Schock sitzt tief. Aber ich will daran wachsen.

***

In den kommenden Monaten wandere ich bis nach Chile, meistens allein. Wenn mir unterwegs jemand begegnet, gibt es eine kleine Pause mit Small Talk, der schnell in Fachgespräche übergeht. Man tauscht sich aus, über die beste Route, die optimale Ausrüstung, eine gute Lodge.

Wenn die Chemie stimmt, lasse ich zu, dass man ein paar Kilometer gemeinsam geht, vielleicht sogar ein paar Tage zusammenbleibt. Aber das ist unverbindlich, und wenn einer von beiden nicht mehr mag, geht man genauso freundschaftlich wieder auseinander. Man ist eben frei, auf eine wunderbare Weise. Auf meiner Endlostour lege ich langsam mein La-Paz-Trauma wieder ab. Nur einmal scheint es mich einzuholen. Ich bin ein paar Tage ohne Empfang unterwegs und ziemlich erschöpft, als mich eines Nachts quälende Bilder um den Schlaf bringen. Ich träume von einem Überfall, was ich sonst nie tue, sehe Gesichter von Männern vor mir, die mich hämisch angrinsen und Beleidigungen zischen. Ich renne weg, aber dann packt mich eine Hand und – ich wache schweißgebadet auf. Der Traum wirkt wie ein Trigger. Ich bin plötzlich traurig, fühle mich verlassen, allein gelassen. Es ist stockdunkel, ich liege in meinem Schlafsack unter einem Baum, in der Ferne höre ich das Schnaufen eines Ameisenbären, und zum ersten Mal seit Langem empfinde ich eine tiefe Einsamkeit, die sich richtig quälend anfühlt. Ich sehne mich nach einem Menschen, nach körperlicher Nähe, nach liebevoller Zuwendung. Ich möchte, dass mir jemand zuhört, dass jemand meine Hand hält, mich streichelt und mir Geborgenheit schenkt. Ich spüre das Verlassensein ganz tief in meiner Seele, und es ist ein bohrender Schmerz, der mein Herz förmlich zerteilt.

In dieser Nacht weine ich stundenlang und ganz besonders bitterlich und finde keine Ruhe und keinerlei Antworten auf meine Fragen.

Kann ich wirklich dauerhaft allein glücklich sein?

Brauche ich nicht doch zwingend andere Menschen, oder gar eine große Liebe?

Ich denke an ein Gespräch, das ich einmal mit Micha geführt habe, in unserem Wohnzimmer, bei Wein und leckerem Essen.

»Der Blickwinkel ist entscheidend«, hat Micha damals gemeint. »Wenn ich akzeptiere, was ist, bin ich nicht einsam. Allein auf dem Berg freue ich mich auf das Bild, das Erreichte, das Ziel. Ich bin zwar allein, aber nicht einsam.«

Ich erinnere mich noch genau, wie er das damals erklärt hat, höre seine vertraute Stimme so klar, als wäre er jetzt dabei.

»Alleinsein gehört zur menschlichen Existenz. Menschen kommen und gehen, aber man bleibt sich als einzige verlässliche Größe erhalten. Wer mit sich selbst befreundet ist, hat immer jemanden an seiner Seite, der ihm mit großer Herzenswärme begegnet.«

Micha, mein Micha, er ist so klug. Ich verstehe so gut, was er damit gemeint hat. Man ist mit sich selbst im Reinen, lebt gern in eigener Gesellschaft, ohne Störgeräusche. Das Gehirn schaltet in einen anderen Modus. Es gibt keine Anspannung, kein Verstellen, man ist nur bei sich selbst. Die besten Ideen kommen jetzt von selber, die Gedanken tanzen im Kopf, man führt innere Monologe zur Selbstklärung, wie die Philosophen, die auch viel Zeit im Leben allein verbringen.

Man muss das Alleinsein annehmen und als Freund sehen, als etwas zeitlich Begrenztes, das man nicht zwanghaft verändern will. Es ist wie das schlechte Wetter. Man muss es nicht mögen, sollte es aber akzeptieren und genießen, was daran schön ist. Der plätschernde Regen schafft spezielle Stimmungen. Die Kälte lässt uns den Rückzug schätzen.

Die Gedanken bestimmen, ob es mir bei dem schlechten Wetter gut geht oder nicht. Die Botschaft ist klar: Man kann das Alleinsein genießen oder als Einsamkeit verfluchen.

Ich muss also die Vorteile sehen, die mir das Alleinsein bringt, auch jetzt. Ich kann selbstbestimmt den Tag verbringen, ohne Rücksicht und ohne Rechenschaft ablegen zu müssen. Ich kann hier sitzen bleiben, solange ich will, machen, wonach mir ist. Ich kann mir etwas vorsingen, Gedichte aufsagen, schlafen. Ich kann machen, was ich will, aussehen, wie ich will. Ich bin der Regisseur und der Hauptdarsteller meines Lebens, und das macht mich stark.

Okay, ich fühle mich gerade so quälend einsam wie noch nie in meinem Leben, und ich weiß, dass ich dieses Gefühl jetzt annehmen muss. Es bringt nichts, sich dagegen zu stemmen, denn es gibt keine Chance, dem zu entkommen. Aber es wird vorbeigehen, wie alles andere auch. Es gibt also nur eine Möglichkeit: Ich muss durchhalten und mit mir als Reisepartner zufrieden sein.

Von nun an versuche ich, mich selber zu motivieren. Ich suche doch immer Herausforderungen, warum fühle ich mich dann schlecht? Gut, es ist nicht wie gewohnt eine sportliche, sondern in diesem Fall eine psychische Herausforderung. Aber das macht doch nichts. Ich muss mit allen Herausforderungen klarkommen, wenn ich den gewählten Weg weitergehen will.

So motiviert nehme ich den Ball an, den mir das Schicksal entgegenspielt. Ich wehre ihn nicht ab, sondern versuche, ihn zu beherrschen und ein gutes Spiel abzuliefern. So wie damals im Gebirgsbach werde ich nicht untergehen, sondern kämpfen. Ich kann das.

Das Gefühl der quälenden Einsamkeit bleibt fast eine Woche. Ich laufe traurig durch die Natur, nehme kaum wahr, was ich sehe, und stumpfe ab. Die Sonne, die prächtigen Bäume, die Hügel am Horizont, alles bedeutet mir nichts. Ich habe Heimweh und möchte, dass mich meine Mutti und mein Vati in die Arme nehmen, halten, trösten. Micha, Samu, ich hätte nicht weglaufen sollen. Jetzt zahle ich den Preis.

Aber ich erlebe auch, was mir Micha damals prophezeit hat: Das Gefühl geht vorbei!

Je mehr ich mich zwinge, die Vorteile zu sehen, an meine Verantwortung appelliere und mich motiviere, positiv zu denken, desto mehr schwindet der Schmerz. Ich bin eine Woche im Tief, und dann klärt sich der Himmel, und wie nach einem Regenschauer schiebt die Sonne die Wolken weg, und meine Seele macht wieder Freudensprünge.

Ich freue mich auf die Tiere, den Lufthauch, das Gefühl, bald wieder unter Menschen zu sein. Ich habe die Einsamkeit bezwungen. Ich stehe auf meiner inneren Bergspitze und umarme das Gipfelkreuz. Ich habe es geschafft und auch diese Herausforderung gemeistert.

* * *

»Wir haben Lust auf Ferien und kommen nach Chile!« Der Satz blinkt auf meinem Handy auf und stammt von meinem Vater. Ich bin überrascht. Es ist bereits drei Wochen her, dass ich tieftraurig durch die Natur gelaufen bin. Es gibt Telepathie. Den Beweis lese ich jetzt.

»Ich freue mich sehr, und grüße Mutti von mir«, schreibe ich zurück und frage begeistert die Reisedaten ab. Meine Familie am Flughafen in Santiago de Chile umarmen zu können ist wunderschön. Wer allein ist, kann Gemeinschaft erst genießen. Es stimmt.

Wir machen als Familie, was wir immer machen: Wir wandern. Und mit meinen Eltern in den Anden, eng aneinandergekuschelt im Zelt, bin ich der wohl glücklichste Mensch der Welt.

Mein Vater sieht den Kondor kreisen, und meine Mutter genießt die rustikalen Thermalquellen auf 3500 Metern Höhe. Hier kommen alle auf ihre Kosten.

Als meine Eltern vier Wochen später abreisen, bleibe ich noch ein paar Wochen allein und genieße den Nahuel-Huapi-Nationalpark und natürlich Bariloche, jene argentinische Stadt in Patagonien, die alpenländisch aussieht und zu Recht berühmt für ihre Schokolade ist.

Nach zwölf Tagen ohne Handyempfang freue ich mich darauf, in der Stadt bald wieder mit der Welt verbunden zu sein. Ich kaufe mir Schokolade und kann es kaum abwarten, endlich wieder einmal mit Samu sprechen zu können. Er fehlt mir. Danach werde ich meine Eltern anrufen und ihnen berichten, was sie alles verpasst haben. Ich suche mir ein grünes Eckchen, um in Ruhe sprechen zu können. Piep. Eine Nachricht surrt herein. Piep. Piep. Piep. Oh, man hat mich vermisst. Es piept unaufhörlich. Ich sehe auf das Display. O nein, alle Nachrichten, und es kommen unablässig neue, sind von Samu. Und als ich sie zu lesen beginne, wird mir sofort klar, dass sich nichts geändert hat. Samu macht nach wie vor nichts als Terror.

»Wo bist du?«

»Es geht mir schlecht ...«

»Du hast einen anderen ...«

»Ich kann nicht ohne dich ...«

Aber das reicht nicht. Es geht jetzt mit meinen Hunden weiter.

»Du musst dich melden, die Hunde sind krank ...«

»Warum rufst du nicht an?«

Weil ich das nicht getan hatte, werden die Informationen immer dramatischer. Von Nachricht zu Nachricht sind die Tiere »sehr krank«, »furchtbar krank«, schließlich »lebensbedrohlich krank«.

Dann kommt eine Nachricht, dass es zu spät sei und ich mich nicht mehr melden müsse.

Meine Güte, was soll das! Samu weiß, dass ich auf so einer Tour mal ein paar Tage nicht erreichbar sein kann. Warum kommt er damit nicht zurecht und muss sich wieder in Fantasien hineinsteigern? Ich kann anhand seiner Wortwahl herauslesen, was mit ihm los ist. Den Tieren geht es gut, aber er ist mal wieder in der Vorstellung gefangen, ich würde mich mit einem oder mehreren anderen Männern herumtreiben und wäre für ihn verloren.

»Ach, Samu, hör doch endlich auf, mich mit irgendwelchen Geschichten erpressen zu wollen«, murmele ich leise vor mich hin.

Ich lehne mich zurück an einen Baumstamm, atme eine Zeit lang tief ein und aus, um mich selbst zu beruhigen. Ich sehe auf die Uhr. In Finnland ist es Nachmittag. Es könnte passen. Ich wähle die vertraute Nummer. Und es dauert genau eine Minute, und ich weiß, dass mein Gedanke stimmt: Es hat sich nichts geändert. Alles ist wie früher. Samu überschüttet mich mit Vorwürfen. Er fragt nicht danach, wie es mir geht und welche Ursache die Funkstille hatte. Nein, er setzt mich unter Druck. So wie in all den Jahren zuvor. Es beginnt mit absurden Vorhaltungen, ich hätte meinen angeblich schwer kranken Remo im Stich gelassen, und endet mit Samu selbst, dem es seiner Aussage nach auch furchtbar schlecht geht, weil ich mich nicht um ihn kümmere. Es ist ein dröhnender Wortschwall, der mir ins Ohr dringt, eine Mischung aus Um-Mitleid-Heischen, Kränkung, Beleidigung.

»Du hast ...«

»Du bist ...«

»Du kannst doch nicht ...«

»Hallo, Samu«, sage ich mehrmals dazwischen und wünsche mir, dass er mir zuhört. Aber es klappt nicht. Zumindest erreiche ich eine Atempause.

»Samu, jetzt bleib mal ruhig. Ich war in einem Funkloch, zwölf Tage lang. Ich hatte keinen Empfang, hörst du. Ich konnte mich nicht melden und war auch nicht erreichbar, okay?«

Ich spreche in Tonlage und Aussprache wie eine Ärztin

mit ihrem Patienten. Aber Samu merkt es nicht einmal. Er ist viel zu aufgeregt, weil er sich in seinem Kopf in den letzten Tagen die schlimmsten Horrorbilder ausgemalt hat und jetzt gar nicht so schnell von seinem Anspannungshügel herunterkommen kann, wie es die Situation eigentlich erfordert.

Schließlich gelingt es mir doch, ein einigermaßen ruhiges Gespräch mit ihm zu führen.

»Samu, ich kann nicht einfach zurückkehren. Ich bin in Patagonien unter einem Baum, allein, von hier gehen keine Flüge, mit denen ich unkompliziert nach Finnland komme. Ich muss erst nach Santiago, das sind 1200 Kilometer. Samu, das geht nicht, selbst wenn ich nichts lieber möchte, als Remo und dich zu sehen, es geht jetzt nicht holterdiepolter! Bitte versteh das.«

Samu fällt jetzt wohl auf, dass er mich nicht aus der Ruhe bringen kann, und so lenkt er ein. Die Hunde, auch Remo, sind plötzlich nicht mehr krank, und ihm geht es auch ad hoc besser. Es tut ihm spürbar gut, mich in der Leitung zu haben, und ich bin froh, dass es mir dieses Mal gelungen ist, zu deeskalieren. Vermutlich ist das die Strategie für die Zukunft: Ich bleibe einfach ruhig und gehe nicht mehr weiter auf ihn ein. Vielleicht kommen wir so zumindest beruflich miteinander zurecht.

* * *

Die letzten Wochen meiner Tour durch Feuerland bemühe ich mich, Samu auf dem Laufenden zu halten. Wenn es die Verbindung zulässt, schreibe ich ihm möglichst regelmäßig, wo ich bin, was ich mache und dass es mir gut geht. Er antwortet immer und berichtet von der Lodge, und was meine Tiere machen. So geht es uns beiden gut, und das ist mir wichtig.

»Du willst keine Entscheidung treffen, das ist es«, sagt mein Vater am Telefon, als ich ihm von meinem therapeutischen Miteinander mit Samu berichte. Ich weiß, dass er recht hat.

In Punta Arenas, ganz im Süden Südamerikas, mache ich Schluss. Ich schlafe mich in einem Hotel aus und nehme nach ein paar Tagen das nächste Flugzeug Richtung Buenos Aires, und dann geht's zurück nach Europa.

Im Flieger, das Ziel vor Augen, steht mein Plan: Ich werde noch zwei Wochen in der Schweiz bleiben und als Erstes meinen Eltern sagen, was ich vorhabe.

»Ich will mein Leben in Lappland behalten«, eröffne ich meinen Eltern, als wir abends zusammensitzen, »um alles in der Welt. Ich brauche diese Art von Wildnis, um glücklich zu sein. Aber ich möchte Job und Privates trennen.«

Meine Mutter horcht auf. »Und wie soll das gehen?«

»Ich nehme mir eine Wohnung in Taivalkoski, du weißt schon, der kleine Ort an der Hauptstraße. Ich habe dort schon vor meiner Reise bei einem Vermieter vorsichtig nachgefragt.«

»Das klingt gut, wenn Samu und du zumindest räumlich auseinander seid. Ich mache mir schon Sorgen, dass er dir dauerhaft nicht guttut.«

»Ich auch, aber das Leben dort oben tut mir gut. Es ist das, was ich brauche. Ich will da nie wieder weg. Die Lösung ist, dass ich allein lebe und morgens in die Firma fahre. Das nimmt mit Sicherheit Spannung raus.«

»Ob Samu mitspielt?«, gibt sie zu bedenken.

»Klar weiß ich das jetzt nicht, aber ich denke, es ist ein guter Weg, erst einmal Ruhe hereinzubekommen. Und ich habe noch etwas vor: Ich möchte eine kleine Reisefirma gründen, meine eigene.«

»Mit Hundeschlittentouren?«, fragt mein Vater.

»Nein, nein, damit würde ich mir nur selbst Konkurrenz machen. Aber mit sportlichen Aktivitäten wie Schneeschuhwandern zum Beispiel oder Langlauf- und Pulka-Touren. Du weißt doch, dass ich das alles beherrsche. Damit nehme ich der Lodge keine Gäste weg, kann aber unser Angebot ausbauen. Und …«, ich seufze und sehe meinen Vater etwas bedrückt an, »… ich arbeite an meiner Unabhängigkeit und gehe auf Nummer sicher. Falls doch alles mit Samu zusammenbricht.«

»Rechnest du damit?«, will er jetzt wissen.

»Ich möchte es nicht, wirklich nicht. Aber ich will zumindest auf alles vorbereitet sein.«

»Du bist klug. Das klingt echt überzeugend«, lobt mich meine Mutter und streichelt mir aufmunternd über den Arm. »Mädchen, du bist auf einem guten Weg.«

* * *

Mein eigenes Reich hat nur zwei Zimmer und liegt am Rande einer kleinen Siedlung, aber ich fühle mich wunderbar wohl darin, weil es mein Rückzugsraum ist.

Abends sitze ich viel am PC und baue mir meine neue Firma auf. Ich bin jetzt nämlich Chefin von »Boreal-Tours«, einer Reiseagentur, die Sporttouren anbietet. Samu weiß davon und hat bis jetzt ruhig und vernünftig reagiert.

Wir wollen eine Zeit lang mit etwas Distanz leben und arbeiten und uns beiden so eine letzte Chance geben.

Morgens fahre ich zur »Ice-Lodge«, abends meistens nach Hause, ab und zu kommt Samu auch mit zu mir.

»Wir kriegen die Kurve, Liebes«, sagt er mir nach vier Wochen, als ich ihn mal wieder zu mir zum Essen eingeladen habe. Wir sitzen zusammen am Tisch und fühlen uns wie bei einem Date. Das Kribbeln ist zurück und damit auch die Hoffnung. Samu legt mir den Arm um die Schulter. Ich blinzele ihn verliebt an. Es kann noch alles gut werden.

Ich versuche, ihm Sicherheit zu geben, damit er keine Verlustangst mehr haben muss. Wenn es so mit uns geht, komme ich damit zurecht.

»Wollen wir demnächst mal wieder zusammen ausfahren?«, fragt er nach dem ersten Glas Wein. Ich lächele und freue mich. Gut, ich bin gern allein, aber nicht immer. Es ist auch schön, wenn ich weiß, dass wir in irgendeiner der Hütten einen entspannten Abend haben.

Ich denke an unseren ersten Abend unter den Polarlichtern. Lässt sich die Zeit zurückdrehen?

Die Antwort bekomme ich drei Monate später. Sie lässt sich gut zurückdrehen, aber leider auch mit den hässlichen Erfahrungen. Samu war so lange lieb, bis mal wieder ein Mann aufgetaucht ist. Walter, ein Mediziner und dummerweise ein Einzelreisender, erzürnt ihn zutiefst. Vom ersten Moment an regt er sich über ihn auf, und innerhalb von 24 Stunden steckt er wieder in der Abwärtsspirale aus Vorwürfen und Beschimpfungen. Walter möchte eine Tour machen, und Samu kann sie nicht fahren, weil er schon anderweitig gebucht ist. Ich kann sie machen, was Samu aber nicht zulassen will. Er taucht in unserem Büro auf und tobt: »Ich weiß, was du vorhast. Du denkst, ich bin doof und merke nicht, was du für ein Mensch bist! Einer, der lügt und mich hintergeht!«

Beginnt jetzt wieder alles von vorn?

Nein, nicht, wenn ich nicht mehr mitspiele. Ich habe in den Bergen Südamerikas gelernt, Grenzen zu setzen und mich aus kniffligen Situationen zu befreien. Ich steige aus der Vorwurfsspirale aus. Sofort.

Mit Eisesstimme sage ich: »Stopp«, und verbiete Samu, mich noch einmal zu dem Thema anzusprechen.

»Ich mache die Tour, weil wir davon leben, und Walter kann nichts für deine krankhafte Eifersucht!«, sage ich zu ihm. Und noch etwas stelle ich klar, ruhig und sachlich, aber sehr deutlich. »Wenn du es wagen solltest, uns nachzufahren und uns eine Szene zu machen, beende ich noch heute unsere Zusammenarbeit. Was das heißt, weißt du: Ich steige aus der Firma aus, und wie im Vertrag steht, musst du mir dann meine Anteile auszahlen.«

Samu schluckt, und es zeigt sich, dass er nicht so haltlos ist, wie er sich immer gibt. Denn plötzlich kann er sich sehr wohl zusammenreißen und lässt sich kein bisschen mehr gehen.

Ich fahre die Tour mit Walter, ganz in Ruhe und absolut ungestört.

Nach meiner Rückkehr ist Samu allerdings sichtbar kränkelnd, und ich bin extrem genervt. Aber den Preis muss er zahlen. Ich habe genug Rücksicht genommen und mache, was mir und der Firma guttut. Als er nach drei Tagen immer noch den Beleidigten spielt und keine Touren anstehen, spanne ich mein Team ein und fahre weg. Drei Tage allein durch die verschneiten Wälder. Wie immer ist es das Alleinsein, das mir den Weg durch den Lebensdschungel weist. Ich begreife auf der glitzernden Schneedecke, dass ich nur einem Traum nachrenne und endlich aufwachen muss. Es geht nicht mit uns, und ich war naiv. Es ist vorbei!!

* * *

»Die Flinte ist geladen!« Steht das wirklich dort? Ich kann es nicht glauben. Ich sitze am Küchentisch meines neuen Hauses und starre fassungslos auf das Display meines Handys. Was ist bloß mit Samu los? Jetzt schickt er mir versteckte Morddrohungen.

Seit vier Monaten lebe ich nicht mehr nur allein, sondern ich bin auch allein. Ich habe mir ein kleines Haus gekauft und bin aus der Firma ausgeschieden, ganz offiziell.

Für meine Anteile habe ich mich mit Samu auf eine Ratenzahlung geeinigt. Ich will ihm keine Schwierigkeiten bereiten. Er ist kein böser Mensch, steht sich nur selbst im Weg, allerdings auf immer verrücktere Art.

»Die Flinte ist geladen!«, das ist der vorläufige Höhepunkt seiner unfassbaren Kampagne, die mein Auszug losgetreten hat.

Er schickt mir per WhatsApp Beleidigungen wie »Du bist gemein« oder »Niemand mag dich« und droht mir mit Sätzen wie »Ich werde dich erwischen« oder »Du wirst mich kennenlernen«, und ich weiß nie, was ich damit anfangen soll.

Samu zersticht die Reifen meines Autos und läuft nachts in meinem Garten herum und beobachtet mich durch die Fensterscheiben. Wenn ich die Außenbeleuchtung anschalte, startet er seinen Wagen und brummt los.

Sein Verhalten ist völlig absurd und belastet mich sehr.

Zum Glück stehen mir meine Freunde bei und beruhigen mich immer wieder.

»Samu ist ein herzensguter Mensch, das weißt du. Er würde nie jemanden verletzen!«, ist sich auch Monika sicher. Und seine Eltern, mit denen ich mich nach wie vor gut verstehe, halten das alles nur für eine Episode, die bald vorüber ist.

Aber mir setzt all das zu. Ich mag es nicht, wenn man jemanden nicht mehr einschätzen kann, und bei Samu geht es mit seinen Stimmungen so hin und her, dass ich an eine bipolare Störung denke und oft auch an seinem Verstand zweifele.

Denn zwischendurch bekomme ich auch Liebesbriefe in den Briefkasten gesteckt, zeitgleich dazu Beschimpfungen auf den Anrufbeantworter gesprochen. Ich weiß einfach nicht, woran ich bin.

Aber jetzt treibt er es wirklich auf die Spitze. Denn die geladene Flinte gilt vermutlich nicht mir, sondern meinen vier Hunden. Das hat er bereits vor zwei Tagen ins Telefon gebrüllt. Er will sie erschießen: Remo und Luna, Raschka und Max. Ich bitte seit meinem Auszug darum, dass er mir die Hunde zurückgibt. Aber das verweigert er mir hartnäckig, um mich zu verletzen. Und jetzt legt er noch eine Schippe drauf und will sie töten.

»Er liebt die Hunde. Er würde ihnen nie etwas antun«, beruhigt mich Monika auch in diesem Punkt. Und Antti, an den ich mich ebenfalls Hilfe suchend wende, findet die Vorstellung »absurd«.

»Samu kann keinem Hund ein Leid antun, sei sicher. Er will dich damit treffen, weil er nicht damit klarkommt, dass er dich nicht halten konnte. Aber bitte, bitte, denke das nicht zu Ende. Es ist nicht nötig.«

Das ist leicht gesagt, wenn man nicht in der Situation ist. Aber mir setzen die Aggressionen wirklich zu. Ich bin Ausländerin, brauche ein Einkommen und arbeite deshalb extrem am Aufbau meiner Firma. Aber ich möchte meine eigenen Hunde zurück, unbedingt, und nun muss ich fürchten, dass ich sie tot zurückbekomme und vielleicht noch selber direkt in den Lauf eines Gewehres blicke. Es gibt schönere Lebenssituationen.

***

Was ist das? Es ist November und schon um 16 Uhr stockdunkel. Ich bereite gerade eine meiner Touren vor und bin sehr in die Erstellung meines Programms vertieft, als ich plötzlich ein Poltern höre. Irgendjemand scheint an der Haustür zu sein.

Mein Herz rast wie verrückt. Obwohl hier oben kaum jemand seine Haustüren verschließt, habe ich sie sogar mit einem Spezialschloss gesichert. Ich habe einfach zu viel Angst vor Samu. Er wird mir immer unheimlicher. Kürzlich stand er im Supermarkt in Kuusamo plötzlich hinter mir. Einen Moment lang hat er mich mit leerem Blick angestarrt und ist dann genauso schnell verschwunden, wie er aufgetaucht war. Unheimlich!

Und jetzt? Sollte er wirklich um diese Zeit zu mir herausgefahren sein?

Ich sehe auf mein Handy. Aber es gibt keine Nachrichten von Samu. Diesmal mache ich den Anfang.

»Samu, bitte lass es sein. Ich arbeite«, tippe ich eilig und ziemlich nervös in die Tasten. Aber es kommt keine Antwort.

In meiner Not rufe ich Lars an, den Mann einer Freundin, der keine zwei Kilometer entfernt wohnt. Ich habe keine Angst in der Wildnis Alaskas oder in den Bergen von Kolumbien. Aber das hier macht mir Angst. Ich weiß nicht, wie weit Samu geht, wenn er nichts mehr zu verlieren hat. Mit klopfendem Herzen stelle ich mich ans Fenster und suche den nachtschwarzen Garten ab. Die Sterne blitzen vom Himmel, und ihr Licht wird im Schnee reflektiert. Ich erkenne die Umrisse der eingeschneiten Tannen, sogar die Garage und die kleine Holzsauna. Bewegt sich da etwas? Blitzt das Metall eines Gewehres? Täuschen sich alle, und Samu schlägt gleich ein Fenster ein und jagt mich mit dem Gewehr durchs Haus? Ich atme schwer, schließe die Augen. »Ruhig, ganz ruhig«, sage ich zu mir selber. Da? Bewegt sich nicht etwas in der Hecke? Oder da? Sind das nicht Stiefel, die hinter dem Auto hervorgucken? Ach, ich weiß schon nicht mehr, was ich sehe. Ich will nichts, nur endlich meine Ruhe.

Scheinwerfer erleuchten jetzt die Dunkelheit. Lars ist gekommen und springt aus dem Auto. Er fürchtet sich nicht.

»Samu?«, ruft er in die Nacht. »Samu, komm her. Lass uns etwas trinken. Wir fahren zu mir!«

Und wirklich. Ein Schatten löst sich aus den Tannen. Samu! Er geht auf Lars zu, mit schweren Schritten. Er hat kein Gewehr in der Hand. Nichts.

Nach einer kurzen Begrüßung steigen beide Männer in das Fahrzeug und fahren davon. Ich bin unendlich erleichtert. Vielleicht bringt Lars Samu endlich zur Vernunft.

***

»Sieh mal vor die Tür!« Als ich diese SMS bekomme, wird mir richtig übel. In den letzten Wochen lief es mit Samu ziemlich ruhig. Seit Lars mit ihm geredet hat, war endlich Ruhe, und wir konnten sogar recht vernünftig miteinander sprechen. Samu hat außerdem endlich unterschrieben, mir die Anteile abzukaufen. Er zahlt mir immer in Raten, was er erübrigen kann. Ich bin damit einverstanden. Samu ist eigentlich ein Guter, und ich will ihm nicht im Wege stehen. Missstimmung herrscht allerdings immer noch wegen meiner Hunde. Ich möchte meine Tiere zurück und habe mir extra neue Zwinger bauen lassen. Aber er behauptet, es seien seine, und lässt nicht mit sich reden.

Antti hat mir geraten, alles Step by Step zu lösen und nicht mit dem Kopf durch die Wand zu gehen. Vermutlich hat er recht, aber die Tiere fehlen mir einfach, besonders Remo.

Und jetzt diese Nachricht. Hoffentlich hat Samu nicht doch noch etwas Furchtbares angestellt, mir das Auto zerkratzt, oder was auch immer ihm eingefallen ist. Vielleicht haben sich auch alle komplett in ihm getäuscht, und er hat den Tieren etwas angetan.

»Ich mag keine Überraschungen, Samu«, schreibe ich zurück und denke, dass er vielleicht seinen Plan noch rückgängig macht.

Die Antwort kommt prompt. »Doch, magst du!«

Verdammt, ich werde nervös und laufe ganz schnell, noch in Strümpfen, zur Tür. Ich muss mich ihm stellen. Eingeschüchtert sehe ich erst vorsichtig aus dem Fenster. Ich habe den Satz mit der Flinte nicht vergessen. Doch ich blicke ins Leere. Samus Auto ist nicht da. Vielleicht hat er mir wieder nur einen Brief in den Briefkasten gesteckt. Ich muss mir wirklich mein Misstrauen abgewöhnen.

Entschlossen öffne ich jetzt die Tür und glaube, mein Herz bleibt stehen. Ich sehe in zwei hellbraune Augen und spüre, dass mir die Tränen in die Augen schießen. Auf dem Treppenabsatz steht eine Box, daneben angelehnt ein Sack mit Hundefutter, und in der Box sitzt Remo, mein Remo. Ich öffne das Türchen und schließe meinen Herzenshund endlich wieder in die Arme, dabei schluchze ich mein Glück hinaus. Noch mit den Tränen kämpfend, schreibe ich eine Nachricht an Samu: Danke!!!

Ich weiß jetzt, dass endlich mein neues Leben beginnt. Samu und ich, wir haben das Kapitel unserer Liebe und unserer Firma geschlossen. Ich bin frei, mit Remo. Und zwei Tage später auch mit Luna, Raschka und Max, denn Samu bringt mir auch die drei anderen persönlich vorbei.

Als er geht, nehmen wir uns in den Arm und wünschen uns alles Glück der Welt. Wir sind beide mit großen Hoffnungen in ein gemeinsames Leben gestartet. Natürlich sollte es für immer sein. Es hat nicht geklappt. So, wie es bei Millionen Menschen auf der Welt nicht klappt. Das tut weh, das ist unbequem und oft auch teuer. Man tut sich weh, verletzt den anderen, aber irgendwann muss man die Notbremse ziehen und aufhören, sich zerstören zu wollen. Der Gedanke: »Wenn ich dich nicht habe, darfst du nie wieder glücklich sein«, ist Unsinn. Denn man tötet sich damit auch selber. Samu sieht jetzt nach vorn. Und ich auch. Wir sind beide frei.

Aber für mich bleibt das trotzdem alles nicht folgenlos. Ich ziehe noch einmal um. Lars macht mir das Angebot, ein gerade bei ihm frei gewordenes Haus zu kaufen. Es steht auf seinem Grundstück, und die Nähe zu meinen Freunden verspricht mir mehr Sicherheit. Sie freuen sich, dass sie die Immobilie verkaufen können, und ich freue mich, dass ich meine Freunde ganz schnell erreichen kann, wenn Samu vielleicht doch wieder durchdreht. Zum Glück finde ich auch einen Käufer für mein Haus und starte jetzt zuversichtlich in die Zukunft.

KAPITEL 8

»Vati, ich kann gerade nicht. Ich rufe dich zurück, vielleicht noch heute Abend, okay?«

Ich bin im Auto unterwegs von Schweden nach Hause und kann wirklich nicht sprechen. Ich fahre einen Sprinter mit Anhänger, habe neben diversen Ausrüstungen wie Pulken, Zelten und Kleidung auch einen Anhänger mit fünf Hunden dabei. Vor mir liegen noch 300 Kilometer. Ich muss mich auf die Straße konzentrieren.

Mein Vater spürt meine Unruhe. »Alles gut«, meint er freundlich. »Aber langsam mache ich mir Sorgen. Du vertröstest mich schon seit Tagen.«

Es stimmt. Mein Rückruf ist längst überfällig.

»Es ist alles gut, aber ich melde mich nachher in Ruhe. Versprochen, heute Abend«, sage ich schnell. »Bis später, Vati.«

Es ist mir überhaupt nicht recht, meinen Vater so abzuwimmeln. Aber ich weiß im Moment einfach nicht, wo mir der Kopf steht.

Nach dem endgültigen Aus mit Samu habe ich meine ganze Energie in meine eigene Firma gesteckt und mir innerhalb von zwei Jahren ein wirklich gut gehendes Unternehmen aufgebaut. Ich biete mittlerweile nicht nur Pulka-Touren in Finnland an, sondern auch Pulka-Wanderungen in Schweden. Ich habe meine Aktivitäten auf das Nachbarland ausgedehnt, weil mir in Finnland die Berge fehlen. Ich bin nun mal ein Alpenkind und brauche das. Im schwedischen Teil Lapplands gibt es den mit 2111 Metern höchsten Berg Schwedens, den Kebnekaise, und ansonsten viele sanfte Hügel, die hier oben imposant erscheinen und eine wunderbare Kulisse für tolle Schlittenausflüge abgeben.

Da der Reisevermittler, über den ich die Touren bekomme, gut bezahlt und speziell mich möchte, mache ich die Schweden-Touren selber und habe für den finnischen Markt zwei Mitarbeiterinnen eingestellt, die die Gäste dort betreuen. Das heißt allerdings, dass ich nicht nur jede Menge Verwaltungsarbeit habe, sondern auch ständig auf Tour bin. Eine Strecke von Finnland nach Schweden sind 300 Kilometer, hin und zurück sitze ich also mindestens acht Stunden am Steuer. Das Ein- und Auspacken kommt noch dazu. Zudem hole ich die Gäste am Flughafen in Kiruna ab und gehe mit ihnen mehrtägig auf Tour.

Wenn alles perfekt abläuft, schaffe ich das. Aber wenn Probleme auftauchen, ein Hund krank wird, es Materialfehler an den Pulken gibt oder das Essen für die Tiere nicht ausreicht und ich Nachschub organisieren muss, wird es anstrengend. Denn ich habe in Schweden keine Basis, auf die ich mich zurückziehen kann. Ich muss dann wieder stundenlang auf der Straße sein, um nach Hause zu kommen, wo ich schließlich die Tiere versorgen oder Waren einpacken kann.

Auf den Touren bin ich mit bis zu zwölf Gästen unterwegs und immer der einzige Ansprechpartner. Ich bin zuständig für das Gelingen der Reise, den sportlichen Erfolg, das seelische Befinden der Teilnehmer. Ich fange Frust ab, wenn jemand die Herausforderungen der Tour nur schwer durchhält. Ich gleiche aus, wenn alle nervös werden, weil das Wetter problematisch ist. Ich fordere und fördere die richtig Guten in der Truppe, damit sie sich nicht langweilen, und motiviere die nicht so Erfahrenen, damit sie nicht den Spaß verlieren. Dazu kommt das ganze Marketing. Ständig surrt mein Handy mit Buchungen, Nachfragen, Stornierungen, Terminänderungen. Es ist ein anspruchsvoller Job, und das 24 Stunden, sieben Tage die Woche. Einfach geht anders.

Aber es ist meine Existenz, und ich brauche die Einnahmen. Das Haus, die Tiere, die teure Ausrüstung. Ich habe kräftig investiert, zum Teil mit dem Geld, das mir Samu schon in Raten zurückgezahlt hat. Aber wenn ich hier im Ausland überleben will, muss ich Leistung bringen, und zwar mehr als in der Heimat.

Schade nur, dass jetzt dabei meine Familie zu kurz kommt. Mutti ist mittlerweile 70 Jahre alt, Vati 67. Zum Glück sind beide fit, aber ich würde mich gern mehr um sie kümmern können. Im Sommer, wenn weniger zu tun ist, besuchen sie mich regelmäßig für mindestens vier Wochen. Das genieße ich sehr, und jedes Mal nehme ich mir beim Abschied vor, intensiv Kontakt zu halten, aber meistens klappt das nicht wirklich.

Zudem fehlt mir Käthi. Sie ist nach wie vor mit Urs glücklich und kommt gut ohne mich klar. Aber ich vermisse ihre Nähe, die Zuwendung, die guten Gespräche.

Ich möchte auch gern mehr für Monika da sein und für Jan, ihren kleinen Sohn, der mein Patenkind ist. Ich habe mir sehr gewünscht, diese ehrenvolle Rolle übernehmen zu können. Ich bin keine Mutter, aber ich möchte eine richtig gute Patentante sein. Im Moment bin ich das nicht. Im Moment kommt alles zu kurz. Ich habe mir einfach zu viel aufgehalst.

Ich liebe meine Arbeit wirklich, und ich habe allen

Grund, dankbar zu sein. Meine Beziehung, auf die ich hier oben mein ganzes Leben aufgebaut habe, ist gescheitert, und ich empfinde das als schwere Niederlage. Aber ich habe mich wieder aufgerappelt und es geschafft, auch den zweiten Neustart zu meistern. Doch ich spüre, dass ich mich erneut am Limit bewege. Aber wie soll ich das Problem lösen? Am liebsten würde ich wieder abhauen, irgendwo allein sein, doch das kann ich im Moment vergessen. Ich bin ausgebucht. Ich muss durchhalten und weitermachen.

***

»Remo hat einen Hirntumor, unheilbar.« Christina, unsere Tierärztin, steht in ihrem Behandlungszimmer vor mir und sieht mich betreten an. Es ist eine Hiobsbotschaft, die mir den Boden unter den Füßen wegzieht und mich wie ein Keulenschlag trifft. Dabei hätte ich vorbereitet sein müssen. Remo hat sich innerhalb kurzer Zeit spürbar verändert. Er war plötzlich immer unruhig und ist nahezu 24 Stunden in seinem Zwinger auf und ab gelaufen. Ich wollte mit ihm hinausfahren, weil ich dachte, ich könnte ihn damit aus seinem Wahn holen. Ein Schlittenhund liebt es zu rennen. Ich dachte, es würde ihm guttun. Aber er schien gar nicht mehr zu wissen, wo er ist. Auf meine Kommandos hat er nicht gehört und lief auch in seinem Geschirr völlig unkoordiniert hin und her. Er ist mein Leithund und gibt dem Team vor, wie es sich zu verhalten hat. Das klappte in diesem Zustand nicht. Remo brachte alle durcheinander, und ich habe die Tour abbrechen müssen.

Die Nacht danach habe ich im Zwinger verbracht, bei

Remo. Ich habe neben ihm gehockt, ihn an mich gezogen und seinen Kopf gestreichelt, natürlich hinter den Ohren, wo er es so gern mochte. Ich habe gehofft, ihm mit meiner Nähe Sicherheit zu geben. Aber auch das hat nicht geklappt. Wie fremdgesteuert hat er sich immer wieder aus meiner Umarmung befreit und ist weiter unruhig auf und ab gelaufen. Remo, der Hund, der nichts mehr liebte, als stundenlang mit mir zusammenzuliegen und gekrault zu werden, wollte lieber laufen.

»Mein Kleiner, was ist los, zeige es mir«, habe ich auf ihn eingeredet. Er hat mich immer verstanden, dieses Mal nicht. Stattdessen hat er gezittert und mich wirr angesehen. Es war klar, er wusste nicht mehr, wer er ist.

Heute bin ich zu Christina in die Praxis gefahren, und sie hat ihn auf den Kopf gestellt. Dass etwas nicht stimmt, war zu erwarten, aber dass es so aussichtslos ist, nein, damit habe ich nicht gerechnet. Ich bin unendlich traurig.

»Du musst ihn gehen lassen«, sagt Christina zu mir und drückt mir liebevoll die Hand.

Ich vertraue ihr und nicke. »Aber du kommst zu mir, okay?«, bitte ich sie dann. »Remo soll in meinen Armen einschlafen, in dem Umfeld, das ihm vertraut ist.«

Als Remo und ich das letzte Mal zusammen nach Hause fahren, ist mir unsagbar schwer ums Herz. Ich verdanke diesem Tier so viel. Durch Remo habe ich die Liebe zu diesem Land und zum Schlittenhundesport gefunden. Er war der Erste, der mich durch den Pulverschnee gezogen hat. Wir waren ein Team, so viele Jahre lang. Ich konnte mich auf ihn verlassen, und dass ich immer so unbeschadet nach Hause gekommen bin, lag auch an ihm, seiner Stärke, seiner Intelligenz, seinem wunderbaren Charakter.

Ich nehme ihn mit zu mir, streichele, herze und küsse

ihn und sage ihm, wie wichtig er für mich war und dass er immer da sein wird, irgendwo, auf jeden Fall ganz nah bei mir.

Als Christina kommt, knicken mir die Knie weg. Aber er hat verdient, dass ich bei ihm bin. Er hat mich viele Kilometer begleitet, er hat einen Anspruch darauf, dass ich ihn auf seinem letzten Weg begleite.

Remo stirbt dort, wo er am liebsten war, im Schnee. Kurz bevor Christina ihm die Spritze gibt, ist es merkwürdigerweise ganz ruhig. Ich kraule ihn hinter den Ohren, ganz langsam, um ihm jedes nur erdenkliche Wohlbefinden zu schenken. Christina nickt mir zu, bevor sie die Spritze drückt. »Ich liebe dich!«, flüstere ich meinem Hund leise zu, und mit diesem Satz im Ohr kann er gehen.

* * *

Ich bin mitten in den schwedischen Wäldern, unterwegs im Neuschnee mit einer Gruppe von sechs Frauen. Gerade sind wir dabei, uns in einer kleinen Hütte eine Pause zu gönnen, mit Tee und leckerem schwedischem Gebäck.

Als das Telefon klingelt, kontrolliere ich erst einmal die Nummer. Ich kann jetzt keine beiläufigen Anfragen annehmen. Aber es ist die Nummer von Jutta, der Repräsentantin meines wichtigsten Reiseveranstalters. Für Jutta bin ich immer erreichbar, denn wenn sie anruft, geht es um Buchungen oder Stornierungen.

»Bleib kurz in der Leitung, ich bin gleich frei für dich!«, sage ich schnell, nicke den Frauen zu, die sich gerade fröhlich plaudernd über den Kuchen hermachen, und signalisiere ihnen, dass ich draußen bin.

Jutta will heute nicht mit mir über neue Buchungen

sprechen. Sie hat ein ganz anderes Thema. Es geht um eine Schweizerin, Lotti, die in der Nähe von Kiruna eine Hundeschlittenfarm betreibt, das »Snowtrail Dogcamp«, und nach der Trennung von ihrem Mann ganz dringend Hilfe braucht.

»Du musst wissen, dass wir reichlich Touren bei ihr gebucht haben. Die Gäste reisen alle in den kommenden Monaten an. Sie braucht wirklich dringend jemanden, der sich auskennt und ihr hilft.«

Ich atme tief durch. Das kommt jetzt völlig unerwartet.

»Wann soll das denn losgehen?«, frage ich nach.

»So schnell wie möglich, aber spätestens in der kommenden Saison.«

Ich bin überrumpelt. Ich habe noch diverse Skitouren, die bereits fest gebucht sind. Aber um überhaupt etwas sagen zu können, muss ich in meinen PC sehen.

»Ich bin morgen zurück, dann melde ich mich«, vertröste ich Jutta und weiß jetzt schon, dass ich das machen werde. Zum einen, um zu helfen, aber zum anderen, um weiterhin einen festen Fuß in Schweden zu haben. Wenn ich noch jemanden einstelle, schaffe ich die Zusatztouren auch noch.

✱ ✱ ✱

In der kommenden Saison bin ich ein, zwei Tage in der Woche bei Lotti im Einsatz. Die restliche Zeit fahre ich weiter mit meinen Kunden. Was das heißt, ist klar: Es darf wirklich nichts dazwischenkommen. Jede Stunde ist verplant, und ich habe nicht einmal genug Zeit, darüber nachzudenken, ob ich an meine Grenze komme oder nicht.

»Das passt zu dir«, sagt Monika, als sie mich kurz vor einem Tourstart am Telefon erwischt und ich ihr erzähle, dass ich jetzt quasi für zwei Anbieter fahre, für mich und für Lotti. »Barbara, es ist wie immer: Du lebst auf, wenn es um Herausforderungen geht. Dann hast du nur ein Ziel: sie zu meistern.«

Ich höre ihr nur mit halbem Ohr zu. Denn die sechs Tourteilnehmer sind schon startbereit.

»Ich muss los, Monika!«, sage ich schnell.

»Ich weiß«, höre ich noch. Und: »Pass bitte auf dich auf!«

»Mache ich, und heute Abend rufe ich dich an.«

Das Gespräch ist nötig, denn Monika geht es nicht gut. Seit einiger Zeit ist sie mächtig angeschlagen. Die Trennung vom Kindsvater, die Verantwortung für den Kleinen, ein Job, eine Fortbildung – das ist einfach zu viel. Sie kann nicht mehr. Zum Glück hat sie selbst gemerkt, dass sie an ihre Grenzen kommt, und hat sich eine Auszeit genommen. Den Sommer über hat sie auf einer Schweizer Alm gearbeitet. Eine gute Entscheidung. Doch jetzt ist die Alm geschlossen, und Monika hat Sorge, wieder in den Alltag zu müssen.

»Komm doch nach Lappland«, schlage ich ihr vor. Ich weiß von Lotti, dass sie Hilfe für die Gäste gebrauchen kann. Und ich frage auch aus Eigennutz, denn ihren Sohn Jan würde sie mitbringen, und so hätte ich endlich Zeit mit dem Kleinen, der gerade vier geworden ist.

»Gib mir ein paar Tage Bedenkzeit«, bittet Monika. Aber schon am nächsten Morgen ploppt die Nachricht auf. »Ich komme!«

Schon eine Woche später ist sie da. Als ich meine nächste Tour für Lotti mache, kann ich bereits Monika und mein Patenkind Jan in die Arme schließen. Monika ist dünn geworden und hat ungewohnt traurige Augen. Ich bin froh, ein bisschen für sie da sein zu können.

Aber Jan ist ein Prachtkerl, fröhlich, offen, unbekümmert. Ich nehme ihn gleich mit zu den Hunden und fahre auch eine Minitour mit ihm auf dem Schlitten. Er juchzt vor Vergnügen, und ich genieße es, ein bisschen Mutter spielen zu können.

Obwohl meine Zeit mehr als knapp ist, versuche ich, so oft es geht, mit Monika zu reden. Sie braucht jetzt ein offenes Ohr, und vielleicht hilft es, wenn ich einfach nur da bin.

Leider stellt Monika fest, dass sie auf der Lodge nicht genug Zeit für Jan hat. Im Februar, nach fünf Monaten, fliegt sie zurück in die Heimat. Kurz darauf bekomme ich eine gute Nachricht. Martin, der Hüttenwirt, bei dem sie auf der Alm gewesen ist, ist jetzt ihr Lebenspartner. Ich freue mich riesig für die beiden, zumal auch Jan prima mit Martin zurechtkommt. Die drei ziehen nach Uri, zwei Autostunden von Thun entfernt, in ein wunderschönes Häuschen am Hang.

»Ich wünsche dir, dass alles gut wird«, schreibe ich und bekomme eine überschwängliche Nachricht. Es fügt sich für sie alles, denn sie ergattert zudem einen tollen Arbeitsplatz im Personalwesen. Genau der richtige Job für ihr ausgleichendes, empathisches Naturell. Ich freue mich riesig für sie.

* * *

Das Knacken ist ohrenbetäubend. Ich schrecke so sehr zusammen, dass ich eine Sekunde denke, mir bleibt das Herz stehen. Mit beiden Händen umklammere ich fest das

Lenkrad meines Vans. Es ist ganz klar, irgendetwas ist gerade brutal zu Bruch gegangen.

Ich bin nach mehreren anstrengenden Dreitagestouren auf der Rückreise nach Finnland und traue meinen Augen nicht, als ich in den Rückspiegel sehe. Der Anhänger mit meinen Tieren ist viel zu weit entfernt. Hat er sich etwa gelöst?

Obwohl ich vorsichtig auf die Bremse trete, vergrößert sich der Abstand. Verdammt, meine Hunde!

Ich lenke den Wagen auf den Standstreifen, springe heraus und laufe auf die Straße. Die Anhängerkupplung muss sich gelöst haben, denn der Anhänger ist allein über die Straße gerollt, zum Glück jetzt an der Seitenplanke zum Stillstand gekommen.

Ich atme wie nach einem Langstreckenlauf. Das war jetzt Riesenglück für mich. Die Straße ist leer und schnurgerade. Es ist weit und breit kein Auto in Sicht. Das hätte sonst eine Katastrophe geben können.

Ich sehe sofort, dass die Technik okay ist. Offenbar habe ich die Anhängerkupplung nicht richtig eingerastet. Es ist mein Fehler, eine Unachtsamkeit, ganz eindeutig. So etwas darf nicht passieren.

Ich setze den Wagen zurück und koppele den Anhänger mühsam wieder an. Danach lasse ich mich erschöpft auf den Fahrersitz sinken und brauche erst mal dringend eine Pause. Der Schock sitzt tief. Ganz offenbar bin ich komplett überlastet, dass mir solche schweren Fehler passieren. Was ist, wenn ich mit meinen Gästen unterwegs bin? Da darf mir absolut keine Unachtsamkeit passieren. Ich muss etwas ändern, mal wieder.

Als ich an diesem Tag weiter zurück nach Hause fahre, geht mir viel durch den Kopf. Ich denke daran, wie mein

Leben aussieht. Ich bin nur noch auf Achse. Jede zweite Woche helfe ich bei Lotti auf der Lodge aus, die Zeit dazwischen bin ich mit den Gästen meiner Firma unterwegs. Die Freizeit verbringe ich auf der Landstraße. Ich muss damit aufhören. Ich brauche in Zukunft eine Basis in Schweden, dringend. Dann kann ich die Fahrten minimieren, spare Zeit, die ich für andere Aufgaben, aber in erster Linie zum Auftanken nutzen kann. Ich denke an eine kleine Hütte irgendwo in der Natur, möglichst einsam, aber mit Unterbringungsmöglichkeiten für die Tiere und ausreichend Stauraum für das Material. Dann kann ich auch Leerlaufzeiten gut und entspannt überbrücken und habe endlich wieder Zeit für mich. Ich muss mich dringend umhören.

※ ※ ※

»Du, ich habe eine Hütte für dich. Ideal gelegen und wirklich schön. Du solltest sie dir unbedingt ansehen.«

Ich bin bei Lotti auf der Lodge, aber dieses Mal nicht, um zu arbeiten, sondern einfach nur, um zu genießen. Es ist Frühsommer, und hinter uns allen liegt eine anstrengende, aber erfolgreiche Saison. Lotti hat mittlerweile ein festes Team. Ihr Geschäft läuft gut. Während der Zeit bei ihr sind wir Freundinnen geworden, und bevor ich jetzt zurück nach Finnland fahre, gönnen wir uns eine Pause, zum Plauschen und Schlemmen. Lotti weiß, dass ich die berühmte schwedische Prinzessinnentorte liebe, und hat extra für mich so ein Kunstwerk gezaubert, typisch mit einer lindgrünen Marzipandecke und einem Innenleben aus Vanillecreme, Himbeeren und Sahne. So köstlich!

»Das ist ja super«, strahle ich sie an, während ich mir

ein Stückchen Torte gönne, und mein Herz macht einen Freudensprung. Ich wünsche mir im Moment nämlich nichts mehr als endlich eine Bleibe, damit die leidige Fahrerei ein Ende hat.

Wir sitzen auf ihrer Terrasse mit Blick auf ihren kleinen privaten Haussee. Am Horizont strahlt der Avakko im Sonnenlicht, und das mächtige Felsmassiv spiegelt sich auf der Wasseroberfläche. Die Tannen haben üppige lindgrüne Spitzen, Vögel zwitschern, und drei von Lottis sonst immer so wilden Huskys planschen entspannt in Ufernähe durch das Wasser und scheinen die Wildenten zu beobachten, die gelassen vor ihren Augen über den See gleiten.

Ich glaube, es sind die ersten zwei Stunden des Jahres, die wir beide für uns haben, ohne läutende Telefone und ohne aufgeregte Gäste und fragende Mitarbeiter. Nichts stört uns. Der Kaffee duftet, Lotti hat sogar ein Windlicht angemacht. Ich lehne mich zurück in das Polster der Sitzecke und lausche auf die sanften Klänge der Natur. Es ist einfach schön.

»Wo ist denn die Hütte genau, die du meinst?«

»Ganz bei mir in der Nähe. Im Moment ist die Besitzerin in Stockholm. Aber bei deinem nächsten Besuch können wir vorbeifahren und sie uns ansehen. Ich bin sicher, sie gefällt dir!«

»Das wäre zu schön. Dann könnte ich mich im Sommer in Ruhe einrichten, und wenn im Winter die Saison losgeht, bin ich bestens vorbereitet.«

»Oh, eine Prinzessinnentorte«, ruft plötzlich jemand von hinten. »Da komme ich ja gerade richtig!« Ronny, einer von Lottis Mitarbeitern, kommt durch den Garten auf uns zu. Auch er hat, genau wie wir, endlich mal etwas Zeit zum Durchatmen und ganz offensichtlich Appetit auf Kuchen. Denn er rutscht sofort neben mich, schnappt sich ein Stück und verputzt es in Windeseile. Aber er hat auch eine Nachricht für mich.

»Sag mal, Lotti meinte, du suchst eine Hütte. Ich habe etwas für dich!«

Und dann legt er gleich los. Allerdings versteht er unter einer Hütte etwas ganz anderes als ich. Er erzählt von einem Wildniscamp mit Haupthaus und sechs (!!!) Hütten und malt mir die Anlage in den schönsten Farben aus. Das Gelände liegt an der E10, der einzigen Straße, die Lappland mit dem Rest Schwedens verbindet, und hat, etwas entfernt, noch ein Restaurant und ein niedliches kleines Wohnhaus, in dem auch der derzeitige Besitzer lebt.

Ich sehe Ronny etwas irritiert an, aber nicht, weil er gerade dabei ist, das zweite Stück Torte zu verputzen, sondern weil ich an eine kleine Bleibe dachte und er an ein ganzes Anwesen.

»Ronny, das kann ich mir doch gar nicht leisten«, werfe ich ein.

»Doch, kannst du. Erik, so heißt der Chef, ist Norweger und möchte dringend aussteigen. Du kannst dich mit ihm einigen, ganz bestimmt.«

Lotti nickt. »Du, daran habe ich gar nicht gedacht. Aber Ronny hat recht. Die Anlage ich klasse. Es ist wirklich schön dort, und ansehen kostet schließlich nichts.«

Ich lehne mich entrüstet zurück. »Na hört mal, ich halte euch Vorträge, dass ich überlastet bin, und ihr empfehlt mir ein Anwesen. Nee, nee, nichts für mich«, winke ich ab.

»Na, dann komm mal her«, sagt Ronny, hört sogar auf, weiter den Kuchen in sich hineinzustopfen, und hält mir sein Handy vor die Nase. Auf mehreren Fotos sind drei wunderschöne Holzhäuser am Waldrand zu sehen, inmitten einer wirklich malerischen Natur. Ich gebe zu, dass ich beeindruckt bin.

»Und guck, hier geht es zum Wildniscamp. Es gibt übrigens 20 Motorschlitten. Mensch, Barbara, du bist die Richtige für das Projekt.«

Ich sehe in den Schein der flackernden Kerze. Vor mir liegen sechs Monate mit relativ wenig Arbeit. Ich habe nur einige Wandertouren, zwei Kanutouren, werde meine Eltern besuchen und überwiegend durchatmen. Ich bin in einer Mini-Ferienstimmung und absolut nicht aus der Ruhe zu bringen.

»Fahr doch gleich vorbei. Es liegt auf dem Weg«, bohrt Ronny weiter.

Ich sehe zur Uhr. Warum nicht! Wie hat Lotti so treffend gesagt: Ansehen kostet nichts.

Als wir wenig später auf der E10 mit zwei Autos zum Camp fahren, zuckele ich entspannt hinter Ronny her und sehe das Ganze als kleinen Joke. Ich brauche keine Anlage, ich brauche meine Ruhe. In meiner Fantasie sehe ich mich vor einer kleinen Hütte mit Seeblick sitzen. Im Gras stolzieren zwei Enten, und ich genieße die milde Schwedensonne im Gesicht.

Das ist auch noch mein Plan, als ich den Wagen auf dem Parkplatz abstelle. Aber die Lodge ist wirklich etwas ganz Besonderes: Sie liegt eingebettet zwischen Wäldern und Fluss, die Häuser sind typisch schwedenrot gestrichen und sehr gepflegt.

Das Camp besteht aus sechs urigen Hütten, einer Sauna und einem kleinen Restaurant. Die Hütten liegen recht weit auseinander, sodass man sich nicht bedrängt fühlen muss, ganz in der Nähe plätschert ein wilder Tundrafluss und vermittelt Wildnis pur. Ich bin berührt, weil die Anlage so traumhaft idyllisch ist – wie gerne würde ich so leben!

»Wenn ich nur eine Hütte kaufen könnte, wäre ich dabei«, sage ich.

»Aber hier hast du ein paar mehr und kannst deine Gäste übernachten lassen und hast alles unter Kontrolle. Ganz ehrlich, ich finde, das klingt klug.«

Ich muss schmunzeln. Ronny und seine Überredungskünste. Aber mich erreicht er damit nicht.

Ich schüttele den Kopf. »Nichts für mich. Wenn ich von etwas genug habe, ist es Arbeit. Das hier ist überhaupt nicht, was ich will.«

Ronny lächelt. »Ich gebe dir einfach mal die Nummer vom Makler. Lass es sacken.«

Hier könnte die Geschichte enden. Tut sie aber nicht. Denn auf der Rückfahrt werde ich wankelmütig. Meine Unternehmerseele erwacht. Ich rufe den Makler an und bitte ihn, mir die Unterlagen zu schicken.

✱ ✱ ✱

Es ist einer der Bilderbuchfrühlingstage in Schweden, als ich entspannt über das Gelände der Lappeasuando-Lodge spaziere.

Erik, der norwegische Besitzer, zeigt mir stolz sein Zuhause, und meine Begeisterung wächst von Minute zu Minute, wobei ich allerdings vermeide, ihm das auch zu zeigen. Ich will diese Lodge, unbedingt. Schon beim ersten Besuch habe ich gespürt, wie sehr ich es vermisse, ein richtiges Zuhause zu haben. Ein Zuhause, in dem ich leben und arbeiten kann. Ich führe seit vier Jahren mitsamt meiner Tiere ein Vagabundenleben und bin es mehr als leid. Wir brauchen endlich eine dauerhafte Bleibe und vielleicht ein bisschen mehr. Mein Ehrgeiz ist entfacht, und ich sehe zur Idylle auch die ökonomische Seite.

Hier gibt es alles. Ein schönes Zuhause, aber auch viel Potenzial. Die Lodge liegt strategisch ideal an der Straße, und ich glaube, dass man in dieser Gegend mehr als nur überleben kann.

Die Zahlen sind allerdings nicht berauschend. Der Steuerberater hat sogar abgewunken. Aber ich bin sicher, dass sich mit dem richtigen Marketing viel erreichen lässt. Urlauber lieben die Region, und ich habe beste Kontakte zu den Veranstaltern. Zu den einfachen Hütten möchte ich zudem noch Hotelzimmer anbieten und plane eine Erweiterung. Damit müsste sich die Anlage sehr gut rechnen.

All das hängt jetzt allerdings von Erik ab, der mir einen Preis nennen muss, den ich bezahlen kann.

Deshalb setzen wir uns in das kleine Restaurant, trinken Tee und nähern uns langsam den jeweiligen Schmerzgrenzen.

Erik erzählt viel davon, was er alles machen wollte, aber letztlich nicht getan hat. Die Arbeit ist ihm über den Kopf gewachsen. Eigentlich empfindet er sich als Lebenskünstler. Zur Lodge ist er durch Zufall gekommen. Er liebte diese Gegend hier, mochte die Lage zwischen Straße und See und hat sein Geld investiert und viel zu spät gemerkt, wie wenig Zeit ihm durch die Lodge für andere Dinge geblieben ist.

Er lächelt mich an. »Ich bin immer viel gereist, und jetzt fühle ich mich wie ein Fisch auf dem Trockenen.«

Wir verstehen uns gut. Er ist ein heiterer und sehr sympathischer Mann, der mit seiner imposanten Größe und den grauen Haaren ungeheuer gewinnend aussieht. Ich mag seine Art, Dinge auf den Punkt zu bringen, und ich mag seinen umwerfend komischen Humor, und so wird unser Verhandlungstermin zu einem der unterhaltsamsten Treffen, die ich jemals erlebt habe. Die Stimmung ist herrlich.

Aber wir sind auch ehrlich. Er sagt mir, was er für die Anlage haben will, und ich sage ihm, dass ich das nicht bezahlen kann.

Als ich gehe, ist die Verhandlung nicht beendet, nur unterbrochen. Ich pokere noch. Ich will die Lodge, unbedingt.

* * *

Die Lappeasuanda-Lodge gehört mir! Erik und ich haben lange gerungen und schließlich einen Kompromiss gefunden. Ich bin happy. Mit der großen Vorfreude genieße ich die dringend nötige Auszeit, bevor meine Zukunft als Lodge-Besitzerin beginnt. Ich miete mich in einer der Hütten ein und genieße ein paar Tage mein baldiges Zuhause und die Zeit für mich allein. Heute bin ich ausgiebig durch die frühlingsgrünen Wälder gewandert, habe an einem Bach ein Picknick gemacht und mir dann eines von Eriks Booten genommen, mit dem ich jetzt auf einem der nahe gelegenen Seen unterwegs bin.

Die Sonne brennt fast schon gnadenlos vom schwedischen Himmel. Die Temperaturen erreichen sagenhafte 28 Grad. Ich sehe mir die Wasservögel an, entdecke viele Strandläufer, die ich so liebe. Aber auch eine Kornweihe zieht ihre Kreise am Himmel. Es ist ein wunderschönes Bild, wie der Vogel über die spiegelglatte Wasseroberfläche gleitet. Diese majestätische Schönheit, die Ruhe, der Frieden.

Der sanfte Seewind streichelt meine Haut. Es riecht nach skandinavischem Sommer, klar und rein. Ich liebe dieses wunderschöne Land. Dann, fast in der Mitte des Sees, hole ich die Ruder ein, rücke die mitgebrachte Luftmatratze zurecht und lege mich rücklings ins Boot. Am Himmel sehe ich die schneeweißen Wolken entlangziehen und male mir aus, wie mein Leben auf der Lodge weitergehen wird. Ich bin 38 Jahre alt und kann noch viel erreichen. Aber entscheidend ist, dass ich endlich ein Zuhause habe, mein Zuhause, das mir niemand streitig machen kann. Denn ich habe zu den Boreal-Tours auch noch eine zweite Existenz, und das alles in einer Natur, die ich mit ganzem Herzen liebe. Besser hätte es nicht kommen können. Das Leben ist schön!

***

Das Geschäft läuft leider überhaupt nicht prima. Zwei Wochen nach der Vertragsunterzeichnung trifft mich die weltweite Finanzkrise. Erik hatte sich gerade ein sicheres Standbein im Konferenzbereich aufgebaut. Besonders die Buchungen der großen Eisenerzmine in Kiruna sind ein lukratives Geschäft für ihn gewesen. Jetzt sind von heute auf morgen alle Konferenzen abgesagt, und Urlauber kommen sowieso nicht. Geschäftlich ist das eine absolute Katastrophe.

Aber ich bleibe zuversichtlich und investiere nicht nur viel Zeit in Marketingmaßnahmen, sondern organisiere auch noch ein aufwendiges Bauvorhaben, denn ich möchte die Lodge zu einem kleinen Hotel mit acht Zimmern vergrößern. Erik hat sich als verlässlicher Mitstreiter erwiesen. Ich habe ihn bei mir angestellt, er managt die Handwerker und nimmt mir den Bauteil ab. Das klappt bestens, denn wir sind in Rekordzeit fertig, und mit der Erholung der Weltwirtschaft flutschen plötzlich die Buchungen für Individualreisende. Innerhalb kurzer Zeit sind wir ausgebucht. Die meisten Gäste kommen aus der Schweiz und aus Deutschland. Dazu laufen auch die Konferenzbuchungen wieder. Ich bin wie im Rausch, stelle gleich noch zwei weitere Frauen für meine Boreal-Tours ein. Eine betreut den finnischen Markt, die andere den schwedischen.

Meine Unternehmerkarriere kommt prächtig in Schwung. Ich lebe nach wie vor in einer der schönen Hütten auf dem Gelände, genieße den beginnenden Erfolg und die Bestätigung, innerhalb kurzer Zeit ein gut gehendes Touristikunternehmen aufgebaut zu haben. Nach drei Jahren durchpowern schreibe ich zum ersten Mal schwarze Zahlen.

Erik steigt allerdings zwischendurch aus. Ihm war alles zu hektisch geworden. Immer häufiger sprach er davon, sich wie ein »eingesperrtes Tier« zu fühlen und ein anderes Leben zu wollen. Ich kann ihn verstehen, denn oft fühle ich ähnlich. Die meiste Zeit sitze ich nur noch am PC oder organisiere in der Lodge, dass vor Ort alles gut klappt. Es macht Spaß, aber die Zeit in der Natur kommt eindeutig zu kurz. Ich drehe mich immer schneller im Kreis, verdiene zwar jetzt endlich gutes Geld, aber drohe, mich dabei selber zu verlieren.

Ich erinnere mich, dass ich schon zweimal an diesem

Punkt war. Ich fühlte mich mit Micha im falschen Leben, mit Samu am Abgrund und jetzt in einem Hamsterrad, in dem ich endlos strampele. Es kann doch nicht sein, dass ich gar nichts dazulerne.

Eigentlich müsste ich jetzt meinen Rucksack packen und abhauen. Egal, wohin, nach Alaska, Südamerika, irgendwo nach Asien. Aber ich habe einen Haufen Schulden. Da kann man nicht mehr einfach verschwinden, da muss der Rückzug geordneter sein.

Aber ist ein erneutes Aufgeben überhaupt eine Option? Ich habe zweimal mein Leben hingeworfen und ganz neu angefangen. Jetzt mache ich es kein drittes Mal. Es wäre zu dumm. Ich ziehe das durch. Man kann nicht immer weglaufen, sondern muss auch mal etwas durchhalten.

KAPITEL 9

»Mama hat Krebs!« Vati ist am Telefon und übermittelt mir mit tränenerstickter Stimme die Hiobsbotschaft. Ich schließe die Augen und denke nur: Bitte nicht!

Mit der Lodge ist es weiterhin bergauf gegangen. Ich habe jetzt, vier Jahre nach der Übernahme, fünf Vollzeitkräfte und diverse Saisonmitarbeiter. Dazu betreue ich nach wie vor meine beiden Boreal-Tours. Ich stehe um fünf Uhr auf, komme selten vor 24 Uhr ins Bett. Das geht so an 365 Tagen im Jahr.

Im Moment helfe ich gerade einer Mitarbeiterin dabei, eine Frauengruppe aus Österreich einzuchecken. Die Damen sind in bester Stimmung, quasseln unbekümmert durcheinander und haben natürlich mehr als tausend Fragen.

Und in diesem Durcheinander klingelt das Telefon, und Vati überbringt mir die schlimme Nachricht.

Ich fühle mich, als hätte mir jemand ein Glas Wasser ins Gesicht geschüttet. Mama hat Krebs! Wo hat sie ihn? Ist er metastasiert? Wie geht es jetzt weiter? Fragen über Fragen drehen sich in meinem Kopf, aber ich kann sie unmöglich jetzt stellen.

»Babara?« Vati ist unruhig.

»Wann machen wir denn morgen die Tour?«, will jetzt Ursula aus Graz wissen, und Hilde, eine Lehrerin aus Wien, sprudelt über mit Husky-Geschichten.

»Barbara, hast du keine Zeit?« Vati klingt müde.

»Doch, ich habe Zeit«, betone ich. Es reicht. Ich höre

die zittrige Stimme meines Vaters und werde ihn jetzt auf keinen Fall vertrösten. Jetzt ist er dran und nichts anderes.

Ich signalisiere den Frauen, dass es ein dringendes Gespräch ist, und verschwinde mit dem Hörer am Ohr im Büro. Mein Vater braucht mich jetzt, und das ist wichtiger als jeder Gast und jede Buchung.

Im Büro schenke ich mir einen Tee ein und bitte meinen Vater, mir genau zu erklären, was zu Hause los ist.

»Mama hat Brustkrebs und muss operiert werden«, sagt er. Ich höre seine Stimme wie durch einen Wattebausch und habe nur einen Wunsch: Ich möchte an ihrem Bett sein, wenn sie aufwacht. Ich möchte ihre Hand halten, ihre Ängste wegstreichen, mit ihr auf dem Klinikflur die ersten Schritte versuchen. Ich möchte meinem Vater ein leckeres Essen zubereiten und mit ihm im Wohnzimmer alte Fotos ansehen. Ich möchte jetzt einfach bei ihnen sein, ihnen helfen, ihnen zuhören, Trost spenden, da sein.

Ich verdanke den beiden so viel, emotional und auch materiell. Sie haben mich vieles gelehrt, und ich konnte mich in jeder Notlage auf sie verlassen. Ein Anruf, und sie waren für mich da, egal, was ich angestellt habe, egal, welchen Blödsinn ich im Kopf hatte, egal, wo immer auf der Welt ich war. Und jetzt brauchen sie mich, und ich sitze hier oben und gebe Tourentipps. Das passt nicht!

Und während ich noch in Gedanken nach Möglichkeiten suche, mich kümmern zu können, ist mein Vater schon wieder gefasst und wie immer rücksichtsvoll. »Mach dir bitte keine großen Gedanken«, sagt er, und seine Stimme klingt ganz mild. »Du hast deine eigenen Probleme. Kümmere dich darum. Wir schaffen das hier schon.«

»Vati, ich komme«, unterbreche ich ihn und überlege,

wann ich den nächsten Flieger nach Zürich erwischen kann. »Ich kümmere mich gleich um den Flugplan, und dann rufe ich dich an.«

»Mach dir keinen Stress«, sagt er und wirkt jetzt wirklich ganz entspannt.

»Es geht um Mutti, und da gibt es nichts Wichtigeres, Vati. Gib ihr einen Kuss von mir, und ich melde mich heute Abend noch bei euch.«

Als ich auflege, kullern die Tränen. Ich habe Angst um meine Mutter und möchte mir nicht vorstellen, dass ihr etwas passiert.

Es klopft. Nicole, eine meiner Mitarbeiterinnen, winkt mir aufgeregt zu und bittet mich, dringend zu kommen.

»Was ist los?«, frage ich unruhig.

»Wir bekommen heute noch eine große Reisetruppe, die schon im Flieger sitzt. Es gab auf einer Lodge eine Überbuchung, und sie kommen zu uns.«

»Zu uns?«, frage ich ungläubig. »Wie?«

»Ja, es ist ein Veranstalter, der sich gemeldet hat. Sie brauchen dringend Zimmer und wollen uns auch den ganzen Winter über buchen.«

»Den ganzen Winter über?«, stammele ich ziemlich ungläubig.

»Ja, der Chef kommt auch gleich mit. Er bleibt ein paar Tage für die Verträge.«

Das ist unsere Chance, endlich Rücklagen bilden zu können, denke ich. Wenn es eine Saison wenig Schnee gibt, fehlen prompt die Touristen. Ein kleines Polster rettet dann die Existenz. Aber Mutti? Was soll ich denn machen? Es hat jeder Verständnis, wenn ich jetzt keine Zeit habe.

»Nicole, ich weiß nicht. Das kannst du doch auch.«

»Ich? Nein, das traue ich mir nicht zu. Er will mit der Chefin sprechen. Was hast du denn vor?«

Ich sehe einen Moment lang ins Leere. »Meine Mutter ist krank!«

»Oh, das verstehe ich, natürlich.« Nicole streichelt meinen Arm. »Aber ganz ehrlich, Barbara. Das ist eine einmalige Chance. Mit dem Vertrag hast du die Sicherheit, die du dringend brauchst.«

Ich nicke. Ja, Nicole hat recht. Ich habe zudem nicht nur die Verantwortung für mich, ich habe sie auch für fünf Mitarbeiter, die an mich und mein Unternehmen glauben. Aber wenn ich mich jetzt entscheiden muss, dann tue ich es für meine Eltern. Vielleicht kann ich den Flug noch einen Tag hinauszögern, bis alles unter Dach und Fach ist. Ich muss gucken, wie sich das heute Abend entwickelt.

Als ich später meinen Vater anrufe, versuche ich, ihm die Situation zu erklären, in der ich mich befinde. Aber er lässt es gar nicht so weit kommen.

»Barbara, Mutti hat Krebs, das klingt schlimm. Aber ihr Leben ist nicht bedroht, und Käthi und ich sind bei ihr. Deine Geschäfte sind wichtig, und Mutti weiß das auch. Sie lässt dir ausrichten, dass du dich erst einmal darum kümmern sollst.«

»Aber Vati …«, versuche ich, ihn zu unterbrechen. Erfolglos.

»Ich mache dir einen Vorschlag: Du kümmerst dich um deine Existenz, und wir melden uns, wenn es nötig ist.«

»Aber Vati, das …«, weiter komme ich wieder nicht.

»Bitte, Barbara«, sagt mein Vater mit einem Unterton, der keinen Widerspruch duldet. »Du machst Mutti nicht froh, wenn sie weiß, dass du dir eine sehr gute Chance entgehen lässt. Glaube mir das. Dann hat sie ein schlechtes Gewissen und fühlt sich nicht wohl. Bitte bleibe, wo du bist. Es ist alles gut.«

Ich gebe auf und verspreche meinem Vater, jetzt erst einmal zu warten. Aber in dieser Nacht schlafe ich nicht. Es geht mir zu viel durch den Kopf. Ich habe das Gefühl, alles falsch zu machen. Meine Beziehungen zerbrechen, und jetzt habe ich noch nicht einmal die Zeit, mich um meine kranken Eltern zu kümmern. Wie soll das denn in Zukunft gehen? Sie werden ja nicht jünger. Überlasse ich die ganze Verantwortung meiner Schwester Käthi und kümmere mich ausschließlich darum, dass sich meine Gäste wohlfühlen? Mein Leben macht mich traurig.

* * *

»Mutti?« Ich kann es kaum glauben. Meine Mutter ruft mich schon einen Tag nach der Operation an, und ihre Stimme klingt sogar fest und sicher. Ich kann gar nicht sagen, wie erleichtert ich bin.

Sie erzählt mir, dass sie jetzt in eine Kur fährt und der Arzt ihr die besten Prognosen mitgeteilt hat. Der Krebs hat nicht gestreut. Sie ist bald wieder zu Hause und vermutlich auch richtig munter.

»Ich freue mich so«, jubele ich und wische mir verstohlen ein paar Erleichterungstränen aus dem Gesicht. Die Nachricht beruhigt mich sehr. Die letzten Tage waren hart. Die Reisegruppe samt Chef stand wirklich vor der Tür. Tagsüber habe ich mich um die Gäste gekümmert und abends um den Chef, damit alle Verträge vernünftig abgeschlossen werden können. Es sieht gut aus. Die Lodge macht einen kräftigen Sprung nach vorn. Aber damit kommt auch noch mehr Arbeit auf mich zu.

Ich falle schon jetzt jeden Abend todmüde ins Bett und sehe nichts mehr außer meiner Anlage.

Bis kurz nach Weihnachten halte ich durch. Dann merke ich, dass ich wirklich an meine Belastungsgrenze komme. Ich bin so erschöpft, dass mir am PC schwindelig wird. Ich muss raus, raus an die frische Luft.

»Ich fahre noch einmal los«, sage ich Viktor, einem der Mitarbeiter.

»Es ist 23 Uhr!«, entgegnet er irritiert.

»Das ist egal«, antworte ich knapp. »Ich brauche eine Auszeit. Warte nicht auf mich.«

Selbst die Hunde sind ein bisschen entgeistert, als ich um diese Zeit vor ihrem Zwinger stehe, angezogen für die große Ausfahrt. Aber die Verwunderung weicht schnell der Freude, und sie sind sofort putzmunter, bereit, mit mir durch die herrliche Winterlandschaft zu düsen.

Es ist eine vergleichsweise milde Nacht. Das Thermometer zeigt nur minus 14 Grad. Es hat die letzten Tage reichlich geschneit, und ich freue mich riesig, durch den staubigen Schnee zu brausen und mir endlich von der Eisluft den Kopf freipusten zu lassen.

Ich spanne die Hunde im Blitztempo ein, rufe laut »Ready«, und die Hunde sprinten los. In der Zeit mit Samu habe ich in Finnland Preise im Hundeschlittenrennen geholt. Ich weiß, was ich tue. Ich könnte überhaupt mal wieder Landstreckenrennen fahren, denke ich, und mit jedem gefahrenen Meter lasse ich die Lodge und damit auch den Stress hinter mir.

Es dauert nicht lange, und ich fühle mich wieder so frei und glücklich wie schon lange nicht mehr. Ich umklammere fest den Lenker des Schlittens, beleuchte mit der starken Kopflampe locker 20 Meter Sicht. Es ist wunderschön, und ich denke, dass diese Nacht am besten gar nicht enden möge, so wohl fühle ich mich. Immer schneller gleite ich über den perfekt vorbereiteten Trail und spüre die Lust meiner Hunde an der Bewegung. Die tief verschneiten Tannen sind wie ein prächtiges Geländer, und die Stille umarmt mich wohlig. Ich höre nur das Surren der Kufen und bin endlich wieder glücklich. Und dann passiert das, was höchstens mal einem Anfänger passiert: Ich fliege vom Schlitten. Es geht so schnell, dass ich erst mitbekomme, was los ist, als ich schon durch die Luft sause. Ein eingeschneiter Ast? Ein Eisklumpen? Ein von einem Vorgänger verlorenes Schlittenteil? Nein, nichts von dem. Ich muss schlichtweg eingeschlafen sein. Ein Sekundenschlaf. Ich wache noch in der Luft auf, aber da ist es zu spät. Ich knalle mit dem Gesicht so fest in den Schnee, dass ich einen Moment brauche, um zu begreifen, was gerade passiert ist. Und die Hunde?, schießt es mir durch den Kopf, und ich realisiere, dass sie, offenbar völlig geschockt, einfach weiterrennen. Einen Moment lang denke ich, ich könnte sie zurückrufen. Aber bevor ich meinen Schreckmoment verarbeitet habe, sind sie schon viel zu weit vorgeprescht, um sie noch mit Rufen erreichen zu können. Meine Tiere verschwinden samt Schlitten in der Dunkelheit.

Mein Herz rast wie verrückt. Was wird jetzt aus ihnen? Zum Glück ist es ein Round-Trail, den sie zigmal gelaufen sind. Sie kennen sich aus. Aber es ist immer riskant und eigentlich unverantwortlich, die Tiere allein laufen zu lassen. Ich balle die Fäuste vor Wut. So etwas passiert einem Anfänger, der neu auf dem Schlitten steht und einfach mal unachtsam in die Baumspitzen starrt, weil er neugierig ist. Wieso passiert mir das als Profi? Was ist los mit mir? Warum gefährde ich mich und meine Tiere?

Ich rappele mich im Schnee auf und bin einfach nur noch ratlos. Es ist Mitternacht, ich stehe mutterseelenallein mitten in der Wildnis und muss jetzt dringend meine Hunde finden und nach Hause kommen. Ich versuche, einen Mitarbeiter anzurufen, habe aber keinen Empfang. Erst jetzt realisiere ich, dass meine Kopflampe durch den Sturz ausgegangen ist. Ich taste nach dem Schalter. Er geht nicht mehr. Na bravo, es kommt alles zusammen. Meine gerade noch erlebte Euphorie ist einer Mischung aus Wut und Anspannung gewichen. Für Angst oder gar Verzweiflung ist kein Platz. Was hier passiert, ist nicht ungefährlich. Die Temperaturen sind alles andere als freundlich, und niemand sollte nachts bei dem Wetter durch die Wildnis stiefeln. Bei mir kommt sehr erschwerend hinzu, dass ich nass geworden bin. Unter der Eisdecke muss irgendwo ein Flusslauf gewesen sein. Mein Thermoanzug ist an den Beinen durchweicht. In der Kombination kann Nässe tödlich sein. Weinen? Hinsetzen und jammern? All das möchte ich gern, aber dafür ist kein Platz. Ich muss nach Hause, schnellstens, für mich, aber auch, um nach den Tieren suchen zu lassen.

Zum Glück gibt der Mond etwas Licht, und zum Glück kenne ich den Trail. Aber ich weiß, dass es weit ist und ich garantiert zwei Stunden unterwegs sein werde. Ich erinnere mich an Antti, Samus Vater, der mir schon früh gesagt hat, wie man in der Kälte überleben kann: Man muss immer in Bewegung bleiben, darf nicht zur Ruhe kommen. Hinsetzen und ausruhen – bloß nicht.

Also laufe ich, zitternd, erschöpft, komplett erledigt. Meine Zähne klappern so stark, dass ich meinen Mund nicht mehr geschlossen halten kann, und ich spüre die Kälte bis auf die Knochen. Das nasse Bein fühlt sich an wie erfroren. Ich humpele und fühle mich hundeelend. Noch ein paar Hundert Meter, dann ist es geschafft. Ich weiß, dass auf dem Trail eine Rentierzonengrenze ist und die Tiere nicht durch das Portal kommen. Wenn ich jetzt noch Glück habe, finde ich auch die Tiere wohlbehalten wieder. Und wirklich, als ich näher komme, erkenne ich die Umrisse des Schlittens, und die Hunde stehen brav davor. Die Geschirre sind zusammengeknüllt, aber ich kann sie recht schnell entwirren und die letzten zwei Kilometer ohne Zwischenfall mit dem Schlitten nach Hause fahren. Ich fühle mich so jämmerlich, muss aber zuerst die Tiere versorgen. Es ist drei Uhr in der Nacht, und kein Mitarbeiter ist mehr da. Nach einer wirklich noch qualvollen halben Stunde im Freien husche ich direkt unter die Dusche, und als das warme Wasser über meinen Körper läuft und mich langsam wieder zum Leben erweckt, begreife ich, dass ich schnell etwas ändern muss. Sonst erlebe ich so einen Zusammenbruch wie damals bei Samu noch einmal. Es kann nicht sein, dass ich aus meinen Fehlern nicht lerne.

※ ※ ※

Ich habe Abstand, zumindest räumlich. Seit ein paar Wochen lebe ich sehr komfortabel in einem kleinen, angemieteten Häuschen in der Nähe der Lodge. Ich habe mir nämlich ein Refugium gesucht. Es sind nur fünfzehn Kilometer Distanz zu meinem Arbeitsplatz, aber sie tun mir sehr gut. Es vermittelt ein bisschen Auszeit, Feierabend, wie immer man es nennen möchte.

Doch ich will mehr. Was genau das ist, weiß ich, als ich an diesem sonnigen Sonntagnachmittag am Ufer des Soutujärvi-Sees stehe.

Der Blick ist großartig. Von einem kleinen Bootssteg aus sehe ich bis zum Horizont, der von Wäldern gesäumt ist. Es gibt hier zwei kleine Hütten und sonst nichts. Zur nächsten Straße führt ein drei Kilometer langer Schotterweg. In diesem völlig unberührten Gelände möchte ich leben. Nicht jetzt. Aber möglichst bald. Morgen werde ich den Kaufvertrag unterschreiben. Ich mache jetzt Nägel mit Köpfen. Mein nächtlicher Zwischenfall hat mich aufgerüttelt. Ich werde mich auch nach einem Käufer für die Lodge umsehen. Wenn es klappt, habe ich mit diesem Seegrundstück schon den Platz gefunden, an den ich mich danach zurückziehen kann. Das ist mein unter der Dusche entwickelter Plan. Aber ich will nichts überstürzen. Denn in der Lodge steckt mein Vermögen, und ich kann mir keine Verluste erlauben. Aber es tut gut zu wissen, was »danach« kommt.

Ich plane auch nicht für mich allein. Patrick, mein Koch, ist bei mir, und seit einiger Zeit ist er auch noch viel mehr als mein Angestellter. Patrick, ein Schwede, ist zehn Jahre älter als ich und hat schon früher einmal auf Lappeasuando gearbeitet, als Erik dort der Chef war. Kurz bevor ich die Lodge übernommen habe, ist er nach Südschweden gezogen und erst vor einem Jahr wieder zurückgekommen.

Als er bei mir anfing, habe ich geahnt, dass es nicht ungefährlich sein würde. Denn Patrick ist nicht nur ein wunderbarer Koch, er ist auch ein ganz bemerkenswerter Mann: groß, blond, kräftig, mit meerblauen Augen und blitzend weißen Zähnen. Er könnte der Held in einem Wikingerfilm sein. Aber ich habe Prinzipien, und eines davon sagt, dass Liebe am Arbeitsplatz keine gute Idee ist. Eine Beziehung im Job: niemals! Eine Zeit lang gehen Patrick und ich uns deshalb fast schon aus dem Weg, dann entwickeln wir ein kollegiales Miteinander und entdecken so ungeheuer viele Übereinstimmungen, dass es schon unheimlich ist. Er ist tierlieb, ist sehr gern in der Natur, und ich kann mich stundenlang mit ihm unterhalten. Wir lieben dieselben Filme und hören dieselbe Musik. Und noch etwas verbindet uns: Wir fühlen uns sexuell extrem voneinander angezogen, und eben das bringt meine Prinzipientreue dann auch schließlich zu Fall.

Seitdem sind wir ein Paar, ein ganz inniges. Obwohl ich durch meine gescheiterten Beziehungen überkritisch bin, entdecke ich nichts, das falsch an Patrick wäre. Er macht alles richtig, und ich kann manchmal mein Glück kaum fassen. Aber das habe ich bei Micha auch so empfunden. Doch er kam nicht mit meinem Freiheitsdrang und meiner Reiselust klar. Samu erst recht nicht. Deshalb bin ich verunsichert und weiß nicht, ob ich meinen Gefühlen noch trauen kann. Aber vielleicht muss ich gar nicht mehr weg. Vielleicht ist das hier alles, was ich brauche.

Und so stehe ich fast schon ein bisschen selig am Seeufer und genieße das Gefühl, einen wunderbaren Ort gefunden zu haben, meine stille Heimat, in der das Wirrwarr der Welt keinen Zutritt hat und in der ich zufrieden leben und die Natur genießen kann, mit Patrick.

✳ ✳ ✳

Mein neues Leben beginnt schon ein halbes Jahr später, denn ich habe eine Käuferin für die Lodge: Franziska. Sie ist Schweizerin wie ich, arbeitet als Schulleiterin und verbringt seit Jahren ihre Ferien bei uns hier oben in Lappland. Das Ungewöhnliche: Sie kommt immer mit dem

Auto hochgefahren und hat ihre drei Huskys und einen Schlitten dabei. Im vergangenen Jahr hat sie mich einmal auf die Lodge angesprochen, aber wir konnten uns nicht auf den Preis einigen. Jetzt kam ein neues Angebot von ihr, und ich habe nach einer kurzen Bedenkzeit zugesagt. Ausgerechnet über Silvester verabreden wir uns zur Vertragsunterschrift, und im Sommer 2014 wird die Übergabe sein.

Als wir vom Notar kommen und uns kräftig die Hände schütteln, bin ich erleichtert, zugleich aber auch wehmütig. Denn es geht ein bedeutender Lebensabschnitt zu Ende. Ich bin jetzt 20 Jahre im Tourismus aktiv und hatte eine ausgesprochen fordernde, aber auch schöne Zeit mit überwiegend wunderbaren Gästen. Wer sich für den Hundeschlittensport entscheidet, macht das sehr bewusst, ist natur- und tierlieb und entsprechend angenehm im Umgang. Manchmal etwas sensibel, manchmal etwas kompliziert. Aber nie unangenehm, laut, polterig. Ich hatte bis auf mein kompliziertes Privatleben erfüllende Jahre, habe viel gelernt, fachlich und über mich. Jetzt, mit 45 Jahren, muss etwas Neues, etwas anderes kommen. Was das sein wird, weiß ich noch nicht. Aber mit der weiterlaufenden Verantwortung für die Lodge und dem allein schon zeitlich aufwendigen Einsatz hätte ich das nie herausfinden können. Insofern ist es gut, dass ich jetzt frei bin. Ich brauche diese Auszeit.

Wie geplant, ziehe ich an den See, mit Patrick. Gut, unser Häuschen ist winzig, aber wir beide sind so sehr ein Herz und eine Seele, dass wir auf kleinstem Raum glücklich sein können. Wir haben zwar nur eine Wohnfläche von 20 Quadratmetern, aber komfortabel mit Heizung und einer kleinen Küchenzeile. Die Toilette und eine Dusche sind außerhalb, und wir müssen immer ein paar Meter durch die Natur laufen, um beides nutzen zu können. Aber das stört uns nicht. Im Gegenteil: Was für manche beklemmend klingt, ist für mich wunderschön. Wenn ich abends aus der Dusche komme, stehe ich unter dem funkelnden arktischen Sternenhimmel, genieße absolute Stille und das wohltuende Gefühl, dass niemand in der Nähe ist, den ich dort nicht haben möchte. An die Kälte habe ich mich gewöhnt. Sie macht das Ganze nur ein bisschen prickelnder.

Für meine mittlerweile acht Hunde baue ich eine Zwingeranlage mit viel Auslauf, bei der allerdings fast immer die Tür offen steht. Mein neuer Leithund ist Ori, ein schwarz-weißer Traumrüde, der mir in kurzer Zeit ganz fest ans Herz gewachsen ist. Für meine Gäste kaufe ich noch einen Wohnwagen. Damit habe ich jetzt wieder mein eigenes Reich, zwar ganz anders als auf der Lodge, aber auf eine spezielle Art auch fantastisch. Ich bin happy!

Wenig später kommt dann Jan zu Besuch. Aus dem kleinen Jungen ist längst ein junger Mann geworden. Ich habe ihn in all den Jahren regelmäßig zusammen mit seinen Eltern gesehen, aber jetzt ist er zum ersten Mal allein bei mir. Ich genieße es, zu zweit mit ihm hinauszufahren, eine Hüttentour zu machen, ihm dieses Land zu zeigen, in dem seine Patentante lebt und das sie so liebt.

»Du machst alles richtig«, sagt er zu mir, als wir am letzten Abend die Hunde ausspannen und seine Abreise vorbereiten. »Dieses Land hat etwas Magisches, und du wirkst darin, als ob du nie woanders gewesen wärest.«

✳ ✳ ✳

Ich weiß nicht, wie lange ich schon hier auf dem Bootssteg sitze und einfach nur auf den See hinausschaue. Es ist ein wunderbar warmer Sommertag, und ich genieße den sanften Wind auf meiner Haut.

Plötzlich höre ich Schritte auf den Holzbohlen, und Patrick setzt sich zu mir.

»Was ist eigentlich los?«, fragt er ganz direkt. »Seit Tagen ziehst du ständig allein los, ruderst auf den See oder gehst mit Ori und Luna im Wald spazieren, ohne überhaupt zu fragen, ob ich mitmöchte. Habe ich etwas falsch gemacht?«

Patrick streichelt liebevoll meine Wange und dreht jetzt mit seiner Hand sanft mein Gesicht zu sich. »Sprich doch bitte mit mir. Ich möchte dich gern verstehen.«

Ich schließe die Augen und fühle mich ertappt. »Ach, Patrick, ich verstehe mich doch selber nicht«, sage ich leise und schmiege mein Gesicht in seine warme Hand. »Und nein, du machst nichts falsch. Es liegt an mir.«

»An dir, was fehlt dir denn?«

Ich zucke mit den Schultern. »Ich weiß es eben nicht und will auch niemandem damit auf den Wecker gehen, schon gar nicht dir. Du arbeitest den ganzen Tag in einer Restaurantküche und hast schon genug Stress. Da brauchst du abends nicht noch eine nölige Partnerin.«

»Aber Schatz, das ist es doch nicht. Du gehst mir nicht auf den Wecker. Ich möchte wissen, was dir helfen könnte.«

Patrick zieht mich in seine Arme, und ich genieße es, an seiner starken Brust zu liegen.

»Weißt du, es ist komisch. Die Lodge ist verkauft, ich habe Geld auf dem Konto, bin pumperlgesund und habe einen wunderbaren Mann, nämlich dich!«

Ich lächele jetzt, und Patrick küsst sanft meine Stirn, streichelt mein Haar.

»Was soll ich also sagen?«

»Nichts, denn du hast doch alles, was man sich erträumen kann«, frotzelt er leise und streicht mir eine Strähne aus der Stirn. »Mit so einem tollen Mann wie mir ist dein Leben ein Sechser im Lotto.«

»Ja, wirklich, du hast recht. Ich habe alles, was man sich erträumen kann. Aber warum bin ich jetzt nicht glücklich? Warum habe ich tief im Inneren eine Unzufriedenheit? Ich möchte mich am liebsten ohrfeigen, um vernünftig zu werden. Aber so doof es sich auch anhört, etwas fehlt.«

Mal wieder, denke ich und erinnere mich an den Abend in der Schweiz, an dem ich Micha genau dasselbe gesagt habe. Was ist bloß los mit mir? Warum fühle ich eine seltsame Leerstelle, wenn eigentlich alles perfekt ist?

»Du musst aussprechen, was du denkst und fühlst. Erst dann kommt Klarheit.«

Patrick hat recht, ich weiß es. Was man ausspricht, formuliert hat, das hat man durchdacht. Ich räuspere mich und versuche, Klarheit in meinem Inneren zu gewinnen.

Ich sehe Micha vor mir und Bilder der quälenden Zeit, die ich ihm mit diesem Gefühl »Es fehlt etwas« bereitet habe. Ich denke an Samu, den ich auf der Suche nach dem großen Ganzen zurückgelassen habe, weil ich seine krankhafte Eifersucht nicht ertragen habe und vor den Folgen weggelaufen bin, statt mich zu stellen und die Situation zu meistern. Geht es jetzt wieder los?

In einer eigentlich guten Situation beginne ich mich unwohl zu fühlen, weil mir etwas fehlt, von dem ich nur ahne, was es ist. Oder weil mich etwas stört und ich lieber weg bin. Allerdings hat das »etwas« im Laufe meines Lebens immer schärfere Konturen bekommen. War es bei Micha nur ein diffuses Gefühl, wurde es bei Samu schon zu einem deutlichen Bild, und jetzt füllt es sich mit Farben: Beziehungen engen mich ein, auch wenn ich viel Freiheit habe, ausbrechen und irgendwo auf der Welt laufen kann. Das Gefühl, Ansprüchen genügen zu müssen, empfinde ich als Einengung, und deshalb haue ich ab. Glücklich, so ganz, bin ich nur allein, vor allem beim Wandern.

»Ich sehne mich danach, wieder auf Tour zu sein. Erst die vielen Jahre auf der Lodge in Finnland, danach die Zeit auf der Straße und jetzt die viele PC-Arbeit auf Lappeasuando. Das war schön, wirklich, aber letztlich nicht meins. Ich möchte laufen, unterwegs sein, in der Natur und unter freiem Himmel leben. Ich weiß, dass ich diese Freiheit brauche, aber ich wundere mich, dass ich sie so sehr brauche.«

»Aber sieh doch mal, wo wir wohnen. Um uns herum ist nur Natur. Ich nehme mir Urlaub, es ist wenig Betrieb, kommende Woche können wir los. Ori nehmen wir mit. Du kannst schon deinen Rucksack packen.«

Patrick sieht auf die Uhr. »Jetzt muss ich aber noch mal los.«

Mit einem Satz springt er auf. »Weißt du, meine Traumfrau. Ich sage es dir ganz offen: Ich hatte mir Sorgen gemacht, weil ich dachte, es stände etwas zwischen uns. Aber deinen Wunsch nach Einsamkeit und Natur, den kann ich dir ganz einfach erfüllen.«

***

»Sieh mal, ist es nicht herrlich, dieses satte Grün! Bei den kurzen Sommern hier oben hat man immer das Gefühl, die Natur beeilt sich, um ganz schnell aufzublühen. Plötzlich sprießt es überall, so, als ob ein grünes Feuerwerk losgeht.«

Patrick hat sich auf einen Baumstamm gesetzt und geniesst den Ausblick von Pieskjaure auf die Natur zu unseren Füßen. Seit fünf Tagen sind Patrick und ich auf dem Gränsleden, einem Grenzpfad zwischen Schweden und Norwegen, unterwegs, wandern Tag für Tag ganz gemütlich circa 20 Kilometer und schlafen dort, wo es uns gefällt. Wir haben jede Menge Rentiere gesehen, Schneehühner und sogar einen Vielfraß, ein marderähnliches und sehr scheues Raubtier.

Die Birken sind frühsommergrün, und alle Nadelbäume haben frischgrüne Triebe. Moose, Flechten und Farne brechen auf, dazwischen erblüht die weiße Silberwurz. Patrick hat recht, es ist ein leuchtendes Feuerwerk der Natur.

Aber in mir leuchtet es weniger. Wir sind auch unterwegs ein gutes Team, ergänzen uns perfekt. Patrick ist fürsorglich, hat sogar auf einem winzigen Gaskocher ein leckeres Essen für uns gezaubert. Dazu hat er uns eine Dose Bier eingepackt, die wir fair aufteilen und genüsslich trinken.

Patrick genießt sichtbar die Zeit. Er ist lieb und fröhlich, immer aufgeschlossen und ist so befreit, dass ihm ständig Neues einfällt, was er mir sagen muss. Er erzählt von seiner Jugend, von seinen Freunden und davon, dass er schon mit 15 gern gekocht hat. Ich erfahre auch, dass er eigentlich nach Südamerika ziehen wollte und sogar einmal vorhatte, Tierarzt zu werden. Ich erzähle von meinen

Reisen, meinen Eltern, meiner Liebe zu den Alpen. Wir erfahren viel voneinander, lachen viel und verstehen uns prächtig.

Abends liegen wir in unserem Zelt, halten uns an den Händen und würden für Fremde aussehen wie ein Paar im Honeymoon.

»Ist es nicht herrlich, hier irgendwo in der Wildnis zu liegen und nichts zu hören als das Rascheln der Blätter im Wind? Ich verstehe jetzt zu gut, dass dir das gefehlt hat!«, sagt Patrick in die Stille hinein.

Wirklich?, denke ich und schäme mich, dass ich alles andere als zufrieden bin. Ich spiele nur mit, weil Patrick keinerlei Kritik verdient hat. Er macht alles, was ein Mensch machen kann, damit diese Wandertour schön für mich wird. Ich werde bestimmt nicht nörgeln. Aber eigentlich könnte ich heulen, so sehr geht mir diese Tour gegen den Strich. Ich entsinne mich an wunderbare Touren, die ich in den letzten Jahren in diesem arktischen Paradies unternommen habe, aber diese gehört nicht dazu. Ich bekomme nicht das, was ich mir wünsche, das, wonach ich mich sehne. Ich will mich nicht austauschen und meine Eindrücke mit anderen teilen. Ich will sie für mich. Ich will allein fühlen, spüren, wahrnehmen. Für mich ist Freiheit etwas anderes, auch die Freiheit, dort anzuhalten, wo es mir gefällt, dort stehen zu bleiben, wo ich will, und dort zu schlafen, wo mir danach ist. Ich muss Patrick nicht fragen, er würde Rücksicht auf meine Wünsche nehmen, aber auch das ist nicht, was ich will. Rücksicht vermittelt immer auch ein schlechtes Gewissen, weil man denkt, man hätte den anderen übervorteilt oder vielleicht nicht fair behandelt. Ich will überhaupt nichts abwägen müssen, und das geht nur allein.

Als ich in Patricks Armen die Augen schließe, rattert es in meinem Kopf noch fast die ganze Nacht. Mein Leben muss anders weitergehen. Ich weiß nur noch nicht, wie. Aber wie immer spüre ich in dieser Situation die typische Reiselust. Ich muss noch mal weg, andere Eindrücke haben, um mal wieder eine richtungsweisende Entscheidung treffen zu können. Denn wenn ich nicht mit Patrick leben will, will ich es wirklich mit niemandem. Er ist perfekt für mich!

Wenig später, wir sind gerade erst zurück, schreibt mir Käthi, dass sie mit Urs nach Asien fliegt, um durch Mustang zu wandern. Es reizt mich spontan, dieses kleine buddhistische Königreich im Himalaja kennenzulernen, aber noch stärker ist der Wunsch, abzuhauen.

»Hast du Lust, mitzukommen?«, schreibt sie zum Schluss. Ich fühle mich vom Schicksal ertappt. »O ja, ich komme«, tippe ich ins Handy.

KAPITEL 10

Mustang habe ich mir ruhiger und beschaulicher vorgestellt, als es ist. Es gibt einen exklusiven Trekking-Tourismus, der mir aber gar nicht behagt, zumal wir nicht ohne Sherpas losziehen dürfen. Doch ich mag es nicht, mir meine Sachen tragen zu lassen. Und es ist auch nicht meine Art, in einem Trupp von 20 Hikern loszuziehen.

Trotzdem habe ich wunderbare Eindrücke in einer faszinierenden Natur. Wir laufen durch eine fast wüstenähnliche Landschaft, die sich bis auf 4000 Meter Höhe zieht. Da das Land lange Zeit für Touristen nicht zugänglich war, gibt es nur wenig Infrastruktur für uns Hiker, allerdings einige »Teahouses«, in denen wir uns stärken und auch übernachten könnten. Wir schlafen jedoch lieber in Zelten und genießen es, Murmeltiere und Geier beobachten zu können. Leider warten wir vergeblich darauf, auch einen der seltenen Schneeleoparden zu Gesicht zu bekommen.

Unsere Route zieht sich entlang eines ursprünglichen Karawanenweges, und wir sehen diverse Klöster und haben bei den zahlreichen Passüberschreitungen überwältigende Ausblicke auf die gigantischen Bergriesen dieser Region.

Es ist wirklich ein ganz ergreifendes Abenteuer, und ich genieße zur Natur auch die Gemeinschaft mit Käthi und Urs. Es ist schön, dass wir einander über längere Zeit wieder so nah sind. Doch trotz aller guten Gefühle erkenne ich auch jetzt wieder, dass ich lieber allein laufen würde, oder eben nur mit Käthi und Urs. So eine Gemeinschaftstour ist mir einfach zu viel von allem.

Als unser Trip nach drei Wochen vorbei ist, verbringen wir drei noch ein paar Tage in einem kleinen Hotel in Kathmandu. Hier sitze ich gern im Garten und sehe über die Dächer der Stadt. Es ist ein ergreifender Blick, aber ich war nun schon einige Male in den kleinen Gassen der Stadt unterwegs und habe mich schnell wieder zurückgezogen in die Abgeschiedenheit unseres in einem hübschen Garten gelegenen Hotels. Ich brauche etwas anderes, und das kommt, als Käthi und Urs wieder zurückfliegen, weil ihre Jobs rufen.

Ich kann zum Glück länger bleiben und freue mich auf die vor mir liegende Zeit, die ich endlich allein durch Nepal touren kann. Insgesamt habe ich drei Monate eingeplant und habe mir einen für mich maßgeschneiderten Trail zusammengestellt, auf dem ich auch den höchsten Berg der Welt, den legendären Mount Everest, sehe.

Aber die Tour wird auch jetzt kein hundertprozentiger Genuss für mich, denn ich gerate auf dem Aussichtsberg, dem Pumori, auf den Haupttrail und fühle mich plötzlich wie in Thun am Samstagvormittag auf dem Marktplatz. Dazu bin ich gesundheitlich angeschlagen. Eine Hikerin, mit der ich ein Stück zusammen gehe, spricht von einem Virus, der im Umlauf ist. Ich glaube aber eher, dass ich auf die vielen Menschen, auf den Trubel, die ganze abschreckende Hektik reagiere. Ich lebe in Schweden und bin solche Menschenmassen gar nicht mehr gewöhnt. Aber egal, ob es ein Virus oder mein inneres Unwohlsein ist, ich habe immer wieder Fieber und brauche häufig Pausen.

Die verbringe ich in den kleinen Bergdörfern. Die Menschen sind anfangs scheu, tauen aber schnell auf. Ich gewöhne mir die Begrüßung »Namaste« an, besuche Tempel und erlebe aufregende Zeremonien. Dazu liebe ich die vorwiegend vegetarische Küche, allen voran die leckeren Gemüsecurrys oder das Dal Bhat, das typische Linsen- und-Reis-Gericht.

Am Ausgangspunkt angekommen, bringt mich der Bus wieder zurück nach Kathmandu. Schon als ich einsteige, ahne ich, dass es ein Fehler ist. Im Bus fahren nicht nur bestimmt dreimal so viel Menschen mit wie zugelassen, sondern auch jede Menge Tiere – Ziegen, Hühner, Enten. Ein Teil sitzt im Gang, die anderem auf dem Schoß der Reisenden. Es ist eng, stickig, riecht mehr als unange- nehm, und der Fahrer brettert über die teils engen und abschüssigen Straßen wie auf einer Go-Kart-Piste. Eine Nachbarin packt übel riechende Kräuter aus und stopft sie sich unentwegt in den Mund. Ein Huhn gackert und macht seine Notdurft in den Gang. Das ganze Fahrzeug schaukelt wie auf hoher See, und zu meinem Fieber kommt jetzt noch eine quälende Übelkeit. Es ist nicht übertrieben, aber es gibt Momente auf dieser Fahrt, da glaube ich, sterben zu müssen. Zumindest kommt es mir so vor, als ob ich für Sekunden einfach wegnicke und nicht mehr aufwache.

Zwei Reihen vor mir übergibt sich ein Mann einfach aus dem Fenster. Ich werde mich immer daran erinnern, was mit dem Erbrochenen im Fahrtwind passiert ist: Ein Teil davon kam in den hinteren Fenstern wieder herein. Was in mir einen Augenblick lang Abscheu erzeugt, ma- che ich wenig später auch. Ich breche auf dieser Fahrt mehrmals aus dem Fenster und weiß nach der Erfahrung mit meinem Vordermann, dass das auch bei den Men- schen hinter mir nicht folgenlos bleibt. Es ist egal, ich kann nicht anders. Stundenweise hocke ich mich sogar einfach in den Gang, kauere inmitten des Unrats, weil ich es nicht mehr auf meinem Sitz aushalte. Das Wunder geschieht: Nach sieben Stunden Fahrt erreiche ich lebend Kathmandu, und als sich die Türen des Busses öffnen, strömt eine stinkende Masse Mensch und Tier zurück ins Leben. Ich bin komplett schmutzig, übel riechend, meine Haare sind verklebt von Schmutz und Erbrochenem. Ich fühle mich wie eine wandelnde Mülltonne, bin dazu unsagbar schlapp und offenbar wirklich krank.

Ich muss mich überwinden, in diesem Zustand in ein Hotel zu gehen und nach einem Zimmer zu fragen. Doch entweder weiß die Hotelangestellte, wie Hiker aus dem Bus kommen, oder sie ist mehr als abgehärtet, jedenfalls drückt sie mir lächelnd einen Schlüssel in die Hand, und ich schlurfe vermutlich mit einer Müllfahne durch die Galerie zu meinem Zimmer.

Eine Woche halte ich dort aus, zwischen Dusche und Bett, und langsam kehrt die Kraft zurück. Und der Blick auf das Wesentliche in dieser Region, die spirituelle Energie.

Bevor ich nach Hause fliege, gehe ich eine Woche in ein Retreat, um äußerlich und innerlich wieder fit zu werden.

Das Anwesen ist einfach und ruhig gelegen, inmitten einer blühenden Natur. Es duftet nach Jasmin, und die ganze Stimmung ist friedlich und ein bisschen entrückt.

Es gibt leichtes Essen und viel Zeit, um einfach im Garten zu sitzen, einem Glockenspiel zu lauschen und zu sich zu kommen. Es gibt aber auch regelmäßige Vorträge und ganz viel körperliche Anwendungen. Ich lasse mich durchmassieren und genieße es, nichts zu tun und einfach nur zu genießen. An einem Tag lerne ich Tenzin kennen, einen buddhistischen Mönch, der regelmäßig in der Anlage Vorträge hält. Er begegnet mir auf einem Weg durch den Garten, und ich spreche ihn an und erzähle von meinem Leben, auch von dem Wunsch, allein zu sein, und ich frage ihn, ob ich damit anders bin als alle anderen.

Die Antwort ist eindeutig.

»Wenn wir lernen, alleine mit uns selbst zu sein, ohne uns einsam zu fühlen, kann vollkommenes Glück in uns wachsen.«

Wow, was für eine Aussage. Ich nicke ergriffen, weil er damit mein ganzes Lebensgefühl auf den Punkt bringt. Ich habe es bereits so oft erlebt, auf meinen Touren inmitten der herrlichen Natur, überall auf der Welt.

»Alleine sein bedeutet, dass man mit sich selbst alleine sein kann«, sagt der Mönch weiter. »In Achtsamkeit. In der Meditation. In der Stille. Man kann das Alleinsein mit sich selbst überall genießen, auch im Zusammensein mit den Menschen. Wichtig ist, dass man nicht immer das dringende Bedürfnis empfindet, von außen etwas zu bekommen. Denn dann fühlen wir uns einsam, und das tut absolut nicht gut.«

Ich nicke wieder und höre weiter aufmerksam zu.

»Denn häufig füllen wir diese wahrgenommene Leere, dieses Gefühl von Einsamkeit, sofort wieder mit etwas aus unserer Umgebung. Wir füllen die Leere aus, so schnell, wie es geht, ohne uns zuvor Gedanken gemacht zu haben, woher dieses Gefühl kommt und was es uns sagen soll.«

»Hast du ein Beispiel?«, werfe ich ein.

»Viele!« Er lächelt mich an, ganz sanft, ganz warm. »Kaum ist eine Partnerschaft zu Ende, suchen wir bereits die nächste. Kaum ist eine Freundschaft beendet, ersetzen wir die Freundin durch eine andere. Kaum geht eine Reise zu Ende, planen wir bereits eine weitere und überlegen schon, wann es wieder losgehen könnte. Kaum lösen wir uns von einem Gegenstand, zum Beispiel in der Wohnung, suchen wir nach Ersatz, ohne einmal die Leere anzusehen und vielleicht zu mögen.«

»Wir sind Getriebene«, sage ich und bestätige seine weisen Sätze.

Er lächelt und spricht leise weiter.

»Ich darf bloß nichts verpassen! Ich muss immer dabei sein! Ich muss dort unbedingt gewesen sein! Wenn ich nichts mache, verschwende ich Zeit! Ich muss mich selbst optimieren, für andere immer besser, stärker, großartiger sein.

Alles Gedanken, die uns lenken. Damit machen wir uns ganz unbewusst abhängig vom Außen, von anderen, von unserem Umfeld. Und fühlen uns deshalb auch einsam, wenn wir alleine mit uns selbst sind.«

»Auch weil es ungewohnt ist, wir es nicht kennen«, ergänze ich.

»Genau, wir machen uns nicht die Mühe, es zu üben und den Wert zu erkennen. Denn es ist sehr wertvoll. Die Kunst des wertvollen Alleinseins besteht darin, sich selbst die Zeit und den Raum zu geben, sich mit sich selbst zu beschäftigen.«

»Ich kann es, ich liebe es, aber ich werde nicht wirklich verstanden.«

»Weil du eine große Ausnahme bist. Einfach nichts machen, einfach mit sich selbst sein, das können in der westlichen Welt nicht mehr viele Menschen. Ich frage unsere Gäste hier immer: Wann hast du das letzte Mal eine Stunde lang nichts anderes gemacht, außer ganz bewusst bei dir zu sein? Ohne auf das Handy zu sehen, ein Buch zu lesen, auf den Fernseher zu schauen. Die meisten können sich nicht erinnern. Sogar in der Natur sind sie mit anderen zusammen, reden, lachen, hören sogar mit Kopfhörern Musik, anstatt die Geräusche der Natur wahrzunehmen.«

Ich höre ihm gebannt zu. Es ist eine wundervolle Stimmung. Das Wasser plätschert leise, im Hintergrund zwitschern Vögel. Die Luft ist herrlich mild.

»Deswegen ist das Innehalten, zum Beispiel durch Meditation, so wichtig in unserem Leben. Wir können dabei sitzen oder gehen, das ist ganz gleich, aber wir sind bei uns, achtsam, und hören statt anderer unsere eigene innere Stimme«, spricht Tenzin weiter, und ich sage keinen Mucks, sauge stattdessen seine Sätze in mir auf.

»Wir forschen in uns nach, finden Antworten, warum wir uns leer fühlen, wenn wir alleine sind. Dadurch erzeugen und entwickeln wir eine innere Fülle, Wärme, Kraft und Ruhe, all das, was wir brauchen, um auch alleine glücklich sein zu können. Es ist eine faszinierende Erfahrung, mit sich selbst auskommen zu können. Das macht frei und unabhängig von falschen Entscheidungen, unglücklich machenden Beziehungen. Wir taumeln nicht mehr durch das Leben. Wir leben es mit unserer eigenen, inneren Inspiration. Und dadurch entsteht vollkommenes Glück.«

Jetzt muss ich aber doch etwas sagen, was mir auf der Seele brennt.

»Im Buddhismus unterscheidet man oftmals zwischen vergänglichem Glück und beständigem Glück, zumindest habe ich das gelesen.«

Er nickt.

»Das vergängliche Glück besteht darin«, erklärt er,

»dass wir uns mit allem Materiellen, mit allem, was wir von außen in unser Leben holen, nur ›Glück auf Zeit‹, also vorübergehendes, vergängliches Glück schenken. Denn all das Äußere und Materielle vergeht irgendwann. Es verliert seinen Reiz und zählt dann nicht mehr für uns. Ich kaufe mir ein Kleid, ein Auto, ein neues Sofa und freue mich darüber, spüre Glück. Aber das Kleid ist irgendwann nicht mehr modern, das Sofa zerschlissen, das Auto kaputt. Ich bin unglücklich.«

»Und das lässt sich auch auf die Liebe übertragen, nicht wahr?«

Wieder nickt er.

»Genau! Ich verliebe mich in einen anderen Menschen, habe eine Partnerschaft. Ich bin glücklich. Die Beziehung geht zu Ende, zerbricht. Ich bin unglücklich. Das heißt, es geht bei all diesen Dingen nie um ein beständiges Glück. Denn das beständige Glück kann nur dann entstehen, wenn wir das Glück in uns selbst ausstreuen wie einen Samen in die Erde. Wenn wir mit uns alleine sind, Ruhe finden, bewusst auf uns achten und wahrnehmen, welche Gefühle aufkommen, entwickelt sich beständiges Glück, das nicht mehr vergeht.«

Ich atme tief durch. Seine Worte tun so gut, und sie passen in diese zauberhafte, unwirkliche Stimmung.

»Gehe ganz bewusst in dich und achte darauf, welche Gefühle aufkommen. Nimm sie an als einen Teil von dir und lass zu, dass sie sich in dir ausbreiten.«

Ich lächele, fühle mich innerlich bestätigt.

»Wenn du dich einsam fühlst, lasse diese Gefühle zu und nimm sie an als etwas Wichtiges, und bringe dein Inneres zum Leuchten, mit all der Liebe und Wärme, die in dir steckt. Denn das ist die größte Stärke und die größte Kraft.«

Wenig später verabschieden wir uns mit einer gegenseitigen Verbeugung. Ich sehe dem Mönch noch nach, wie er mit seinem orangefarbenen Gewand durch den Park schreitet, nein schwebt. Ich habe viel gelernt.

* * *

Leben, lieben, loslassen. Als ich in Kathmandu in den Flieger steige, fühle ich mich leicht und beschwingt. Die letzten Wochen waren wie eine Reinigung. Ich habe mein Innerstes sortiert und kräftig entmüllt. Ich weiß jetzt, wie ich leben möchte, und bin entschlossen, das auch umzusetzen. Ich weiß auch, dass ich einen Preis dafür zahlen muss. In meinem Fall gibt es nur ein Entweder-oder. Es gibt keine Grautöne. Das ewige Hin und Her muss ein Ende haben. Ich schade nicht nur mir damit, sondern auch anderen, und das will ich nicht mehr.

In einer Gruppe, auch der kleinsten, der Zweiergruppe, muss jeder bereit sind, ein Stück von sich preiszugeben und zurückzustecken. Sonst klappt es nicht. Zwischenmenschliche Probleme tauchen dabei immer auf. Es geht um Vorstellungen, Alltagsabläufe, schon um solchen Kleinkram wie den, was man essen möchte und wie man die Küche aufräumt. Ich will das nicht. Ich will ohne Kompromisse leben. Ich will der Kapitän meines Lebens sein, ohne die Verantwortung für eine Crew zu haben. Natürlich immer unter der Vorgabe, dass es niemanden stört, denn das will ich nicht, sowie unter der Vorgabe, dass man mich gerade nicht braucht, denn sonst bin ich da. Aber ich will allein sein, endlich.

Am Flughafen wartet Patrick auf mich, und ich freue mich riesig, ihn wiederzusehen. Er strahlt mich überglücklich an, und ich sinke förmlich in seine Arme und genieße die Wärme seines Körpers. Es ist schön mit ihm, wunderschön.

»Du machst alles richtig«, sage ich im Auto, als wir gemeinsam nach Hause zuckeln.

»Das möchte ich auch. Ich habe dich sehr vermisst«, erwidert er und nimmt meine Hand.

Er fährt langsam, ich rede, immer wieder streichelt er mich. Es ist schön, zu einem Partner zurückzukommen, und es ist wunderschön, zu wissen, dass man geliebt und erwartet wird.

Zurück in unserem Häuschen werde ich von meinen Hunden mit lautem Gebell begrüßt. Ich weine minutenlang bitterlich, als ich die wilde Truppe immer wieder in die Arme nehme.

Ich bin zu Hause. Das tut mir gut.

Wir verbringen herrliche Tage. Es ist kurz vor Weihnachten und eisig kalt. Patrick ist ein wunderbarer Mann, und es bricht mir allein beim Gedanken daran das Herz, aber ich weiß, dass ich mit ihm reden muss. Denn unsere Beziehung hat keine Zukunft. Ich fühle heute genauso wie damals, vor über 25 Jahren in der Schweiz mit Micha. Auch er war ein wunderbarer Partner. Nur nicht für mich. Damals habe ich schon gesagt: »Auf mich kann man sich nicht verlassen!« Es ist – leider – auch heute so. Ich kann Patrick nicht die Partnerin sein, die ihm guttut und die er verdient hat. Ich bin nur phasenweise eine gute Partnerin. In der Zeit dazwischen wird mir alles zu eng, und ich breche aus. Ich kann mich niemandem zumuten. Denn der Drang, frei in der Natur zu sein, hier im wunderschönen Lappland oder irgendwo auf der Welt, wird immer stärker, und ich spüre spätestens seit meiner Zeit in Kathmandu, dass ich nicht anders leben kann und jeden Mann, der sich in mich verliebt, mit meinem Verhalten verletze. Ich muss es lassen und allein bleiben. Auch wenn ich dann viele Male die Liebe vermissen werde, aber so weitermachen wie bisher, geht nicht, denn das ist nur egoistisch.

»Wir müssen reden«, sage ich schließlich, als wir nach einer Woche voller Wiedersehensfreude in trauter Zweisamkeit im Häuschen am wild arbeitenden Ofen sitzen.

»Ich weiß, was du sagen willst«, sagt Patrick völlig unvermittelt, wobei er weiter kleine Holzscheite ins Feuer legt und ganz entspannt beobachtet, wie sie von den Flammen erfasst werden und schließlich verglimmen.

Ich bin baff. Kennt er mich so gut?

»Woher weißt du ...?«, stammele ich und fühle mich sichtbar ertappt.

»Ich beobachte dich. Du bist gedanklich irgendwo, aber ganz sicher nicht bei mir.«

»Patrick ...«, hebe ich zu einer Erklärung an.

»Es ist gut. Ich bin vorbereitet. Wann soll ich gehen?«

Ich schlucke. So habe ich mir unser Gespräch nicht vorgestellt. Liegt ihm gar nichts an unserer Beziehung?, schießt es mir durch den Kopf. Aber dann verwerfe ich diesen Gedanken. Patrick ist viel zu anständig und gradlinig, um so um die Ecke zu denken. Er sagt immer, was er denkt und fühlt, und er weiß, dass er mich nicht halten kann.

Ich rede nicht weiter, nehme nur seine Hand. Wir verstehen uns.

Ich fahre wenige Tage später in die Schweiz. Patrick fährt zu seinen Eltern nach Gällivare. Wir telefonieren viel, wünschen uns Silvester gegenseitig ein wunderbares neues Jahr und leben dann noch mehr als sieben Monate zusammen, und das überaus harmonisch. Wir verstehen uns eben wirklich, sind nur vernünftig genug, nicht alles erzwingen zu wollen.

Als Patrick im Sommer ein neues Haus findet, helfe ich ihm beim Umzug. Wir packen Kartons ins Auto, und ich putze auch noch sein Haus. Der Abschied ist kein wirklicher, denn er wohnt nur wenige Kilometer von mir entfernt. Wir wissen, dass wir Freunde sind, nicht nur so dahingesagt, wie man das nach Trennungen gern macht. Wir sind wirklich Freunde, und ich hätte sehr gut mit ihm alt werden können. Aber ich möchte nicht mehr mit einem Partner leben. Ich möchte allein sein.

✳ ✳ ✳

Meine Eltern sind zu Besuch, und ich freue mich riesig, vier Wochen Zeit mit ihnen verbringen zu können. Als ich damals nach Finnland ausgewandert bin, haben wir uns vorgenommen, dass sie jedes Jahr mindestens einen Monat bei mir sind, aber erst in den letzten Jahren hat es auch verlässlich geklappt.

Zudem bin ich regelmäßig in der Schweiz. Jetzt, ohne die Lodge, kann ich auch gut ein paar Wochen bei ihnen bleiben. Unser Verhältnis ist dadurch wieder richtig innig, und ich genieße das sehr.

Mutti ist längst wieder fit und mein Vater sowieso. Er ist nach wie vor viel in der Natur unterwegs, natürlich immer mit seinem Fotoapparat. Er macht wunderbare Aufnahmen. Hier in Lappland hat er es auf die Wasservögel abgesehen. Er ist 79 Jahre alt und hat kein Problem damit, in mein Kanu zu steigen und auf den See hinauszurudern. Dort legt er sich auf die Lauer und fängt faszinierende

Stimmungen ein. Ich liebe seine Fotos. Man kann die Liebe zur Natur darin greifen. Außerdem geht er viel mit einem der Hunde spazieren, fährt auch mit dem Rollschlitten, obwohl ich da immer etwas Angst habe, dass er stürzen und sich etwas brechen könnte. Daneben streifen wir stundenlang durch die Wälder und sammeln jetzt zur Beerenzeit Molte- und Preiselbeeren, die Mutti immer zu den köstlichsten Pürees verarbeitet. Ansonsten lassen wir es uns einfach nur gut gehen. Wir grillen Gemüse, genießen dabei den Seeblick, dösen in der Sonne und reden, besuchen aber häufig auch meine Freunde.

Meinen Single-Zustand haben beide gut aufgenommen. Es hat sie nicht überrascht. Mein komplettes Umfeld übrigens auch nicht. Meine schwedischen Freunde haben einheitlich gemeint, dass sie damit schon länger gerechnet hätten, und Monika und Käthi sagten, dass sie sich endlich Ruhe für mich erhoffen. Meine beiden engsten Vertrauten sind es offenbar leid, sich meine Liebesprobleme anhören zu müssen. Monika lebt jetzt schon viele Jahre mit Martin zusammen, und Käthi und Urs sind bereits seit mehr als einem Vierteljahrhundert ein Paar. Ich beneide die beiden, weil sie so rundum zufrieden in ihren Partnerschaften sind, aber ich habe mich entschieden: Für mich passt dieses Lebensmodell nicht.

Was mich allerdings bedrückt, und das bespreche ich auch mit meinen Eltern, ist meine finanzielle Situation. Ich bin zu jung, um jetzt schon von meinen Reserven leben zu können. Zudem möchte ich auch wieder arbeiten.

Meine Boreal-Tours laufen zum Glück weiter. Ich fahre auch immer noch Touren für meine Kunden. Doch das lastet mich nicht aus. Ich brauche eine Herausforderung, weiß aber nicht, was das sein könnte.

Doch auch jetzt spielt mir wieder der Zufall zu. Über mehrere Ecken fragt mich meine Gemeinde Gällivare, ob ich an einem kommunalen Projekt mitarbeiten möchte. Es geht um den Aufbau von zusätzlichen Serviceleistungen im Dorf, die Buchhaltung, Verwaltungsarbeiten, Beratung bei kommunalen Projekten wie einem Tante-Emma-Laden, um die Versorgung der Bevölkerung in dieser dünn besiedelten Region zu gewährleisten. Mich reizt die Arbeit inhaltlich, zumal sie ordentlich bezahlt und zum anderen befristet ist. Auf keinen Fall will ich neue, langfristige Verpflichtungen eingehen.

Das Projekt kommt mir auch noch in einem anderen Punkt entgegen. Ich muss nicht irgendwohin, sondern kann von zu Hause aus arbeiten, allein in der Natur. Ich sage zu, und damit bin ich endlich wirklich frei, kann ohne äußere Zwänge leben. Ich habe es geschafft.

* * *

»Ich mache es!«, jubele ich Monika am Telefon vor. »Ich habe mich entschieden. Ich will endlich einmal thruhiken, also einen Weitwanderweg zusammenhängend laufen, und es gibt jetzt nichts mehr, was dagegen spricht. Ich habe die körperliche Verfassung und neuerdings auch die Zeit. Ach, Monika, Freiheit ist einfach schön!«

»Und wohin geht's?«

»Ich laufe den Pacific Crest Trail, und es geht von Campo in Südkalifornien bis an die kanadische Grenze.«

»Ach so«, sagt sie, ganz überrascht. »Warum bleibst du denn nicht in Schweden beziehungsweise in Skandinavien?«

»Könnte ich auch, ja klar, aber ich habe Lust auf so eine

lange Strecke, die ich durchlaufen kann. Der Trail hat eine super Infrastruktur. Das gibt es hier oben auf der Länge nicht«, erkläre ich ihr und gerate dann gleich ins Schwärmen. »Stelle dir das einmal vor, es geht durch fünf Bundesstaaten, durch Wüsten, wunderbare Nationalparks, Hochgebirge mit bis zu 4000 Meter hohen Gipfeln. Es gibt Temperaturen von bis zu 40 Grad plus, aber auch Minustemperaturen mit Schneefall, oder Hagel und Regen satt. Alles ist dabei.«

»Wie weit ist das?«

»4200 Kilometer, es sind eigens zusammengestellte Wanderwege und Straßenabschnitte. Ich freue mich riesig darauf!«

Monika kennt meine Liebe zum Hiken, aber jetzt ist sie etwas verhalten. »Warum möchtest du das?«

»Weißt du, es gibt viele Gründe. Viele schätzen die Natur, das Abenteuer, die Kameradschaft, die sich entwickelt. Ich will die Einsamkeit in der Natur, das reizt mich, und das macht mich glücklich.«

»Das ist aber nicht alles, das weißt du genau«, mutmaßt Monika.

»Klar, ich weiß, was du meinst. Natürlich schätze ich auch den Reiz, wenn man Gefahren bewältigt hat, wenn man sich seine eigene Stärke beweist. Ganz sicher ist auch das ein Motor. Aber bei mir ist es der Wunsch nach Alleinsein. Das ist es, was mich froh und innerlich satt macht.«

»Ich freue mich für dich, obwohl ich mir so eine Tour sehr belastend vorstelle. Aber du bist Profi und sicher wie immer bestens vorbereitet.«

»Genau, ich kann das einschätzen, vielen geht es nicht so, und sie brechen ab.«

»Wie viele Menschen machen das denn?«

»Viele! Ich habe gelesen, dass es im letzten Jahr fast 5000 waren. Allerdings weiß niemand, wie viele von ihnen wirklich durchlaufen.«

»Bei dir muss ich mich nicht sorgen. Du läufst die ganze Strecke, und du schaffst es.«

Und genau das glaube ich auch, zumal ich mich schon wochenlang vorher in Schuss bringe, indem ich viel jogge, Krafttraining mache und regelmäßig mit den Hunden in der Wildnis unterwegs bin. Im Sommer 2018 ist es so weit. Ich fliege nach Los Angeles, fahre weiter mit dem Zug nach San Diego und dann zum Startpunkt in Campo mit dem berühmten PCT-Monument, um mich registrieren zu lassen. Ich möchte den Stempel, damit ich mir in fünf Monaten an der Grenze zu Alaska die Bestätigung unterschreiben lassen kann. Denn eins steht fest: Ich gebe nicht auf, auch nicht mit Arthrose im Knie und dem einen oder anderen Zipperlein an den Füßen. Ich ziehe das durch.

***

Die nächsten Tage laufe ich abwechselnd durch Wüstensand, Geröllsteinchen und Baumwurzeln. Die erste Etappe ist noch gut besucht von Hikern aus der ganzen Welt. Die meisten könnten altersmäßig meine Kinder sein, aber sie sind alle sympathisch, hilfsbereit und supernett. Man ist eine Gemeinschaft und zeigt das auch. Man findet Anschluss, kann zusammen gehen, aber auch offen sagen, dass man allein weiterlaufen möchte. So zieht sich die Gruppe auseinander, und ich genieße es wie immer, allein unterwegs zu sein.

Meist herrscht kein Wind, es ist immer um die 40 Grad heiß, dafür sind die Nächte bitterkalt. Ich rühre mir abends auf meinem Gaskocher Süppchen an und erfreue mich an dem Blick in das glitzernde Sternenmeer. Ein großes Thema ist die richtige Wasserversorgung. Teilweise, wenn es an der ausgewiesenen Strecke keine ausreichenden Reservoirs gibt, schleppe ich bis zu vier Liter in meinem Rucksack mit. Die kalten Nächte setzen mir zu, und durch die ungewohnte Belastung in den Beinen habe ich schnell überall Schmerzen. Es braucht ein paar Wochen, bis die Beine quasi allein laufen, man einen Flow hat und wie von selber geht.

Es dauert auch eine Zeit, bis der Kopf leer ist und die sich ständig drehenden Gedanken, ob man an alles gedacht hat, wann man wo was abholen und wie man sich wo und wann verhalten muss, nicht mehr alles überlagern, sondern man auch genießen kann.

Alle paar Tage suche ich die kleinen Orte entlang des Trails auf, um mich mit Lebensmitteln zu versorgen, mir Kleidung zu kaufen oder mir in einer der einfachen Unterkünfte eine Dusche zu gönnen. Es gibt auch bei Hikern beliebte Unterkünfte, in denen man eine Zeit lang im Schatten dösen, seine Wäsche waschen und etwas Leckeres essen kann. Meine Füße sind von Blasen übersät. Bei der Hitze schwellen sie an und passen nicht mehr in die Schuhe. Ich habe bereits das erste Paar aussortiert.

Nach der Wüste kommen die Berge. Es ist ein erhabenes Gefühl, nach 1000 Kilometern durch die Wüste Südkaliforniens endlich die ausgestreckten Berge der Sierra Nevada zu sehen. Pünktlich zum Aufstieg versorge ich mich mit passender Kleidung, zudem ist jetzt möglichst kalorienreiches Essen wichtig. Wer 35 Kilometer am Tag läuft, hat einen gewaltigen Energiebedarf und kann gar nicht so viel essen, wie der Körper haben möchte. Schoko- und Nussriegel sind die Standardnahrung. Klar sind sie nicht gesund, aber nötig.

In den Bergen erwartet mich jetzt Schnee, zum Teil meterhoch. Morgens ist er eisig, und ich habe Mühe, mich auf den Beinen zu halten, tagsüber versinke ich bis zu den Knien darin. Dazu machen mir in den Tälern die Flüsse zu schaffen. Durch die Schneeschmelze in den Bergen ist der Wasserstand gefährlich hoch. Unterwegs erfahre ich, dass es Todesfälle gab und hier schon Hiker ertrunken sind. Ich bin vorsichtig und komme wohl deshalb überall gut durch. Aber es ist auch eine richtige Schinderei, und ich bin froh, als ich endlich in Oregon ankomme, denn dort erwarten mich grüne Wälder, Seenlandschaften und viele Quellen. Ich freue mich darauf, zu baden und meine ruinierten Füße zu pflegen, und nehme dafür die Mückenschwärme in Kauf, die mich ab jetzt hartnäckig begleiten.

Zudem drohen Waldbrände, und ich habe zwar eine Genehmigung, Feuer zu machen, versuche aber, es so oft es geht zu vermeiden. Außerdem hole ich mir, sobald ich Handyempfang habe, Infos, wo es gerade brennt. Denn arglos in ein Feuer zu laufen, bedeutet das Aus.

***

Tom ist aus New York, circa 30 Jahre alt und hat das ansteckendste Lachen, das ich mir vorstellen kann. Ich treffe ihn auf halber Strecke durch Kalifornien in einem beliebten Hiker-Treffpunkt. Ich hole mir dort neue Schuhe ab, weil meine durchgelaufen sind, und decke mich, so gut es geht, mit Lebensmitteln ein. Es gibt wie immer Kartoffelpüree, Instantnudeln und jede Menge Schokolade.

»Da kannst du mich ja später zu einem leckeren Abendessen einladen«, albert er herum, und ich strecke ihm gleich eine Tüte Nüsse entgegen.

»Meinst du das hier? Prima, dann muss ich nicht kochen.«

»Ich dachte eher an eine Salamipizza oder noch besser: Steinpilzravioli in Safranschaum.«

»Ich bin dabei«, sage ich lächelnd und spüre, dass mir sofort der Appetit kommt. Wochenlang Müsliriegel und aufgerührtes Kartoffelpüree sind nicht der Hit.

Tom und ich gönnen uns einen Salat in der Unterkunft und verbringen einen lustigen Abend zusammen, geben uns gegenseitig Tipps, und als wir am Abend in unseren jeweiligen Vierbettzimmerchen verschwinden, nehmen wir uns noch kurz in den Arm und wünschen uns eine gute Nacht.

Als ich im Morgengrauen loszuckele, ist Tom noch in seinen Träumen. Er meinte, er sei erschöpft und wolle mindestens zwei Tage Pause machen.

Wie er es schafft, mich einzuholen, weiß ich nicht, aber eine Woche später, ich habe mich gerade in einem Schlafsack hingelegt, steht er vor mir, strahlend.

Der Rest entwickelt sich so, wie es auch jenseits der Thruhiker-Szene ablaufen würde. Wir beschließen, ein Stück gemeinsam zu gehen. Tagsüber laufen wir meistens schweigend mit ein paar Metern Abstand, in den Pausen setzen wir uns aber zusammen, erzählen von unseren Hiker-Erfahrungen, tauschen Infos zu unseren künftigen Wunschtrails aus und spinnen herum, wo überall wir auf der Welt noch laufen wollen. Es geht auch um unsere Liebe zum Draußensein.

Tom entpuppt sich schnell als mein Alter Ego, mein zweites Ich. Er liebt die Natur, die Freiheit, die Herausforderung, eigentlich alles genauso wie ich. Wir fühlen gleich, sind wirkliche Seelenverwandte. Es ist wohl die Stimmung, die uns empfänglich für darüber hinausgehende Gefühle macht, und irgendwann passiert es. Wir sind ein Paar!

Es ist schön, wieder Nähe und Intimität zu erleben und mit diesem Kribbeln im Herzen aufzuwachen und durch den Tag zu wandern. Es sind die kleinen Gesten, die guttun: die kurze Umarmung zwischendurch, das Händchenhalten, das hingehauchte »Ich bin total verknallt ich dich«.

Es ist wunderschön, wenn wir aneinandergekuschelt im Zelt liegen und uns in den Schlaf küssen. Plötzlich ist da wieder jemand, mit dem man sich austauschen kann, und das so innig, wie es nur mit ganz wenigen Menschen im Leben möglich ist. Über die Wut, wenn man morgens mit klammen Socken in die immer noch nassen Schuhe schlüpfen muss, über die Freude, wenn man von einer Anhöhe aus einen besonders prächtigen Blick auf die spektakuläre Natur hat. »Ich bin ein verliebter Teenager«, durchströmt es mich dann, und ich lasse mich in diese Arme fallen, die so wunderbar warm und sicher für mich sind. Es ist schön, wenn man in einen der in der Nähe des Trails liegenden Orte stiefelt und nicht allein den ersten frischen Kaffee seit Tagen genießt, sondern auch diese herrlichen Pausen gemeinsam genießen kann. Abends teilen wir unsere Leckereien, packen gemeinsam unsere »Bärenbeutel«, so nennt man die Behältnisse, in denen man alle Lebensmittel verstaut und in entfernte Baumwipfel hängt, damit die Bären nicht vom Geruch angezogen werden. Denn kein Hiker möchte, dass nachts so ein mächtiges und naschfreudiges Tier vor dem Zelt auftaucht.

Obwohl meine Füße von Blasen übersät und verpflastert sind, gehe ich eine Zeit lang wie auf Wolken. Ich liebe mein Leben, und ich liebe diesen Mann. Nie hätte ich erwartet, noch einmal so glücklich mit einem Mann zu sein. Aber ich weiß auch, dass wir nie mehr sein werden als ein Trail-Paar. Das steht für mich von Anfang an fest. Für mich! Für Tom dagegen offenbar nicht.

»Wie geht es eigentlich weiter mit uns?«, will er nach ein paar Wochen wissen. »Du lebst in Schweden, ich in New York. Was kommt danach?«

Ich spüre seine Hand in meiner, liege mit dem Kopf auf seiner Brust und lausche seinem ruhigen Herzschlag.

Ich bin auf die Frage vorbereitet. Zum Glück muss ich sie mir nicht stellen, und zum Glück kann ich sie auch beantworten, denn in meinem Kopf und meinem Herzen ist alles glasklar: Ich will weder jetzt noch künftig in einer Partnerschaft leben. Es mag sein, dass mich ab und zu mal ein Mann berührt und ich mich nach Zweisamkeit sehne, und es kann auch sein, dass ich das zulasse. Aber es kann nicht sein, dass ich meine so hart erarbeitete Freiheit aufgebe. Niemals! Endlich weiß ich, wie Glück geht, und ich lasse mich nicht noch einmal aus dem Takt bringen. Auch wenn an Tom im Moment alles zu passen scheint. Wir haben uns tief berührt, und zwischen uns sprühen die Funken. Aber es geht hier nicht um die Frage, wie groß die Chance ist, dass unser Miteinander auch im Alltag Bestand hat. Tom, von dem ich nicht einmal genau weiß, was er beruflich macht, könnte sicher auch in Schweden arbeiten. Er hat mehrmals gesagt, dass er von Skandinavien schwärmt. Er könnte in Kiruna arbeiten, abends zu mir nach Hause kommen, und wir würden mit den Hunden rausfahren. Er kann sich das vorstellen. Ich dagegen nicht.

Hier auf seiner Brust könnte ich mir ausmalen, wie mein Leben mit Tom aussehen würde. Es wäre schön, ganz bestimmt. Aber ich will nicht so leben. Ich brauche Freiheit, Unabhängigkeit und das Alleinsein.

»Wenn wir lernen, alleine mit uns selbst zu sein, kann vollkommenes Glück in uns wachsen!« Ich höre den Satz des Mönches wieder. Ich habe es geschafft, dieses Glück zu finden, lebenslang. Ich lasse mich nicht mehr verleiten, die auf so einer Tour immer drohende Leere leichtsinnig zu füllen. Tom ist aufgetaucht, und das ist wunderbar. Allein in der Natur, unter häufig sehr unbequemen Voraussetzungen, das macht empfindsam und erreichbar, besonders wenn man so gleich »tickt« wie wir. Toms Lächeln hat mich erreicht, hier und jetzt, in dieser Umgebung und unter diesen Voraussetzungen. Aber eine Partnerschaft ist nicht das, was ich will.

Als ich an diesem Abend in seinen Armen einschlafe, ist nur einer von uns beiden glücklich. Ich weiß, dass ich ihm ganz schnell seine Illusionen nehmen muss. Ich habe schon genug Menschen verletzt. Es muss nicht ein weiterer hinzukommen.

✳ ✳ ✳

Ich bin wieder allein unterwegs und genieße Heimatgefühle in den blühenden Landschaften Oregons und Washingtons, denn hier erinnert mich vieles an die Schweiz. Die Höhenunterschiede nehmen nach der fast schon entspannenden Tour durch Oregon wieder zu, dafür werden die Farben prächtiger. Das Laub schimmert in den goldenen Tönen des Herbstes, es ist ein Traum.

Die Zeit mit Tom ist in meinem Herzen verschlossen, der Abschied war schwer, aber nötig. Wir waren beide sehr traurig, aber ich habe ihm alles erklärt, und er hat es verstanden. Es war schön zu erfahren, dass mein Herz noch berührt werden kann, dass ich Nähe und Liebe zulasse, wenn sie kommt. Aber ich weiß, dass mich beides nicht mehr verleiten wird, von meinem gewählten Lebensweg abzukommen. Viele Jahre habe ich gesucht, was ich wirklich brauche. Jetzt weiß ich es, und es wäre falsch, mich wegen plötzlich aufkommender Gefühle in die Irre treiben zu lassen. Sätze wie: »Ich darf nichts verpassen!« und »Es ist doch so schön!«, bringen mich nicht mehr vom Weg ab. So, wie ich den Trail gehe, gehe ich durchs Leben. Ich laufe, leide, halte aber durch. Allein.

Mich trennen nur noch wenige Tage vom Endpunkt meiner Reise. Noch einmal hole ich mir ein Versorgungspaket bei einer Poststelle ab. Noch einmal trinke ich einen herrlich schmeckenden Kaffee in einem kleinen Stehcafé, bevor ich meinen Rucksack nehme und weiterlaufe. Ich habe Angst. Angst, dass mich dieses Leben nicht mehr loslässt. »Was kommt danach?«, hat mich Tom gefragt und es auf die Beziehung bezogen. Ich habe Angst vor dem Leben danach. Ich werde diesen Trail nie vergessen, wegen der Strapazen, des Leidens, wegen der Grenzen, an die ich gekommen bin und über die ich mich immer hinauskämpfen musste. Ich werde ihn aber auch nicht vergessen wegen der erlebten Schönheit der Natur und der absoluten Freiheit. Ich habe Angst, nicht mehr unter einem Dach schlafen und nicht mehr an einem Schreibtisch sitzen zu können.

Fünf Monate in der Wildnis, fast immer ohne jeglichen Komfort, ohne schönes Essen, ohne das, was man unter Kultur versteht. Kein warmes Bett, keine komfortable Küche, nur Natur, Bären, Schlangen, Kojoten, Wühlmäuse. Ach ja, und Mücken. Auch die vergesse ich nie. Mehr als 150 Nächte in einem winzigen Zelt. Mehr als 4000 Kilometer unter den Fußsohlen, zwölf Paar verschlissene Schuhe. Was macht das mit mir?

Mit jedem Schritt, den ich mache, gehe ich einen Schritt in Richtung meines alten Lebens. Manchmal denke ich schon, meine Knie sind deshalb so wackelig, weil mir mulmig zumute ist. Will ich wirklich zurück?

Ich laufe und denke, genieße und träume. Und irgendwann tauchen unvermittelt vor mir fünf einfache Säulen auf, das Northern Terminus Monument des Pacific Crest Trails. Ich bin da!

Ich bitte einen der anderen Thruhiker, ein Foto zu machen, und dann rutsche ich auf den Boden und weine bitterlich. Ich bin emotional so tief gerührt, dass mich alle meine Gedanken der letzten Wochen einholen. Einerseits freue ich mich. Auf meine Familie in der Schweiz, meine Hunde in Schweden, meine Freunde, auf eine Dusche und wunderbar leckere Spätzle. Andererseits möchte ich am liebsten einfach umdrehen und die ganze Strecke zurücklaufen. Ich weine, weil ich Angst habe vor mir selber.

KAPITEL 11

»Ich kaufe mir ein Haus auf Rädern!«, flöte ich fröhlich, als ich mit der Familie in der Schweiz am Tisch sitze. Bevor es wieder zurück nach Schweden geht, mache ich einen sechswöchigen Stopover bei meinen Eltern. Nächste Woche kommt Monika zu Besuch. Sie bringt Jan mit. Ich freue mich riesig, meinen »Kleinen« wiederzusehen. Heute sind Käthi und Urs da. Es gibt Käsefondue und Nussbrot, dazu einen Salat aus dem Garten. Hinterher Muttis geliebte Beerenwähe, die niemand so gut macht wie sie. Vati hat uns einen spritzigen weißen Veltliner aufgemacht, und wir alle genießen sichtbar das Zusammensein.

»Wieso auf Rädern?«, fragt mich Käthi. »Du bist doch schon so oft unterwegs.«

»Denk doch mal daran, wie oft ich in den letzten Jahren umgezogen bin. Ich habe keine Lust mehr, mich immer wieder neu einzurichten und umzustellen.«

»Das glaube ich dir«, meint Urs. »Allein die Kosten für einen Hauskauf. Es kommen immer Steuern und Anwaltsgebühren dazu und der teure Umzug. Das ufert schnell aus.«

Ich nicke. »Genau! Es ist teuer, aufwendig, und immer kauft man etwas neu, weil das alte nicht mehr passt. Ich habe genug davon. Ich möchte mich einfach nicht mehr mit meiner Wohnsituation beschäftigen.«

»Und das klappt mit einem Tiny House?«, fragt Mutti jetzt.

»Ja, selbst wenn in meiner Nähe ein Hotel gebaut wird, oder eine Straße durch meinen Garten, dann muss ich einfach nur einen Traktor nehmen und kann mich zig Kilometer weiter in die Wildnis ziehen lassen. Das ist doch totale Wohnfreiheit.«

Mutti lacht. »Das heißt, du möchtest für alle Situationen gewappnet sein. Gute Idee.«

Auf die Idee bin ich in den USA gekommen, und im Moment recherchiere ich kräftig dazu im Netz. Man kann sich ein Tiny House nach Maß schneidern. Aber es hat natürlich seinen Preis. Doch bei mir hat sich alles gefügt. Ich konnte kurz nach meiner Rückreise in die Schweiz mein Haus auf der Lappeasuando-Lodge verkaufen und habe jetzt das Geld für so ein Prachtstück.

Also sitze ich viele Stunden am PC und plane und entscheide mich schließlich, den Auftrag einer Firma in Südschweden zu geben. Man hat mir eine entsprechende Software geschickt, in der ich mich nach Herzenslust austoben kann. Ich kann virtuell mit Materialien, Formen und Farben spielen.

Jetzt zeige ich meinen Laptop herum, und zusammen planen, rechnen und entwerfen wir weiter. Ich lehne mich einen Moment zurück und beobachte meine wild diskutierende Familie. Es ist schön, wieder daheim zu sein.

Übrigens entscheide ich mich für ein 20 Quadratmeter großes Modell, straff durchgeplant in Nasszelle, Küchenzeile, Wohnarbeitsbereich mit überlagertem Schlafbereich. Gerade Letzteres vermittelt mir ein Zeltfeeling, das ich besonders gern mag. Ich habe jede Menge Sonderwünsche, der wichtigste ist eine weite Fensterfront für den Seeblick. Die Farben sind dezent. Ich möchte alles in edlen Grautönen.

Drei Monate später wird mein Haus gebracht, und ich bin maßlos aufgeregt. Es ist ein verrücktes Gefühl, wenn das Zuhause auf einem Waldweg auftaucht. Aber ich bin von der ersten Sekunde an begeistert. Es ist sehr klein, aber ausreichend. Und es hat einen Komfort, wie ich ihn viele Jahre nicht mehr kannte. Den ersten Abend genieße ich den Seeblick vom Sofa aus. Besser kann es nicht mehr werden.

***

Es ist einer dieser Bilderbuchsommertage in Schweden. Das Thermometer zeigt milde 20 Grad. Der Himmel ist blassblau. Der See schimmert silbrig. Ich sitze auf meinem Lieblingsplatz, dem weit ins Wasser hineinreichenden Holzsteg, und träume vor mich hin. Seevögel drehen zu meinen Füßen ihre Runden. Es ist wahr: Ich lebe im Paradies.

Um mich herum ist nichts als Natur. Genauso wollte ich immer leben. Jetzt ist es so weit. Keine 50 Meter entfernt steht mein wunderhübsches Tiny House, daneben habe ich die Zwingeranlage für die Hunde, aber meistens schlafen sie bei mir, zumindest abwechselnd. Denn für acht Vierbeiner zur selben Zeit ist es auf 20 Quadratmetern etwas zu eng.

Ich lasse eigentlich immer die Tür auf, und die Hunde entscheiden. »Wer zuerst kommt, mahlt zuerst« – dieses Sprichwort gilt auch bei uns. Beruflich arbeite ich nach wie vor an dem Kommunalprojekt und kümmere mich auch weiterhin um den Dorfladen. Doch alle Verträge werden bald auslaufen. Ich kann sie verlängern, zögere aber. Denn es spukt mir etwas im Kopf herum.

»Geht das schon wieder los?«, fragt mein Vater bei einem Telefonat, als ihm mein Herumgedrucke auffällt, und er trifft mal wieder den Punkt. »Du musst wieder los, nicht wahr?«

»Ja, das ist es. Ich will noch eine Tour machen, unbedingt. Die, die mich am allermeisten fordert. Danach ist Schluss. Dann habe ich mir die Kanten und Ecken erlaufen, die mich ausmachen. Dann bleibe ich zu Hause in Lappland, bei meinen Hunden.«

»Ist es nicht leichtsinnig, die Verträge nicht zu verlängern? Was willst du denn danach machen?«

»Vati, ich bin in diesem Land angekommen, ich spreche die Sprache, man schätzt meine Expertise. Ich kann wieder mehr für meine Boreal-Tours fahren, für eine Lodge arbeiten, ich kann mit vielem Geld verdienen. Mach dir keine Sorgen.«

»Und wohin willst du nun? Du weißt es doch schon, nicht wahr?«

»Okay, ich denke an den CDT, den Continental Divide Trail, den will ich laufen.«

Vati ist neugierig. »Erzähl mal«, sagt er und klingt hellwach.

»Es ist der härteste der amerikanischen Triple Crown of Hiking, den PCT bin ich ja schon gelaufen, ich kann jetzt den Appalachian Trail an der Ostküste gehen oder den CDT. Ich traue mir Letzteren zu.«

»Ich auch, mein Kind. Aber beim PCT hast du doch geklagt, dass es dir etwas zu voll war.«

»Stimmt, deshalb möchte ich jetzt auch den schwierigsten und einsamsten nehmen. Der passt besser zu mir. Stell dir vor, es laufen nur 200 angemeldete Teilnehmer den Trail, und nur ein Drittel von ihnen kommt wirklich an, bricht also nicht unterwegs ab.«

»Was ist so schwierig?«

»Erst einmal ist er mit maximal 5000 Kilometern einer der längsten Fernwanderwege der Welt und folgt im Wesentlichen den mächtigen Rocky Mountains.«

»Das klingt nach vielen Höhenmetern, die du zurücklegen musst.«

»Allerdings! Aber der größte Teil der Strecke verläuft in einer Höhe von 2500 bis 4000 Metern.«

»Und wie läuft man? Sind die Strecken ausgebaut?«

»75 Prozent sind Wanderrouten durch unberührte Nationalparks, aber auch absolut unberührte Wildgebiete. Der Rest geht leider über geschotterte beziehungsweise asphaltierte Strecken, auch Straßen.«

»Und die Temperaturen?«

»Wie beim letzten Mal, von 40 Grad tagsüber bis zu minus zehn Grad in den Nächten, dazu Wetterwechsel, Schneefall, Waldbrandgefahr und wenig Wasser. Und kürzlich wirklich heftige Gewitter.«

»Aber genau das hast du doch gesucht«, meint er ganz gelassen. Er kennt mich gut. »Und wie versorgst du dich?«

»Tja, das ist schon schwerer als beim letzten Mal. Nur alle vier bis sieben Tage kann man einen Ort zum Einkaufen erreichen. Man muss gut planen, aber das kann ich ja. Das habe ich von dir gelernt.«

»Bitte denk aber auch daran, dass du keine 20 Jahre mehr bist, Barbara. Die Kräfte nehmen ab. Ich weiß, wovon ich rede. Ich denke, der normale Thruhiker ist wesentlich jünger.«

»Ich bin fit, Vati, das ist kein Problem.«

»Wo willst du starten? Von Nord nach Süd oder umgekehrt?«

»Genau, von Süd nach Nord, ich starte im Süden in

New Mexico, an der mexikanischen Grenze, und beende alles in Montana, an der Grenze zu Kanada. Das ist sehr gut durchdacht, wenn ich im Mai starte, schaffe ich es die ersten 600 Kilometer ohne große Hügel durch die Wüste, und danach bin ich eingelaufen und fit und schaffe den Rest.«

»Es ist körperlich und psychisch eine echte Herausforderung. Du wirst immer wieder viele Tage am Stück allein sein, niemanden treffen. Aber wem sage ich das. Du willst ja genau das.«

»Stimmt. Ich will allein sein und – viel wichtiger – allein bleiben.«

»Du lebst doch schon allein.«

»Ja, aber das ist ein anderes Alleinsein. In meinem Gemüt bin ich nicht allein, weil ich gedanklich immer mit etwas beschäftigt bin. Mit meiner Arbeit, mit euch, meiner Familie, mit meiner Vergangenheit und natürlich mit meiner Zukunft. Ich überlege ständig, was passiert ist, und plane, was jetzt kommen soll. Und dann gibt es noch die Gedanken, die mit Ängsten verknüpft sind, an das, was kommen könnte. Ich bin immer mit etwas beschäftigt, und das möchte ich reduzieren.«

»Das heißt, du schottest dich ab?«

»Das denken immer viele, man zieht sich zurück in sein Zimmer, sein Tiny House, was auch immer. Aber das ist es nicht. Das ist nicht das Alleinsein, um das es mir geht. Ich möchte nicht Beziehungen kappen, sondern die Beziehung zu mir intensivieren. In unseren sozialen Beziehungen ist immer Unruhe, man agiert und reagiert, checkt ab, wägt ab, beurteilt und entscheidet, verbunden mit Emotionen, Erklärungen. Es geht um Konflikte und Konfliktvermeidung.«

»Und was suchst du?«

»Eine echte Beziehung zu mir. Wer wirklich allein sein möchte, braucht Stille, ohne erzwungene Reflexion. Sich in der Stille suchen, neu entdecken und erforschen, sich erkennen, mit Schwächen und Stärken, sich wahrnehmen und annehmen. Ich möchte die innere Stille in der äußeren entdecken, mein lärmendes Inneres voller Gewohnheiten, Vorlieben und Abneigungen abspülen, abkratzen und mich so annehmen, wie ich bin, wenn nichts um mich herum ist außer Natur, wenn es nicht mehr gibt als Stille und mich. Ich glaube, wenn ich das erkenne, empfinde ich Glück, das stark genug ist, auch Lärm und Krach um mich herum auszuhalten.«

»Und wann soll es genau losgehen?«

»Nächstes Jahr, im Sommer!«

»Wir haben weltweit Corona!«

»Ich weiß, ich bin vorsichtig.«

»Hast du jemanden für die Tiere?«

»Ja, Sabrina, meine schwedische Nachbarin, würde wieder aufpassen. Es ist alles geregelt.«

Ich kann quasi durch das Telefon sehen, dass mein Vater mir zustimmt. Ich kenne ihn und weiß, wie sehr er mir das wünscht.

Als wir auflegen, fühle ich mich erleichtert. Mein Vater, er weiß, wie ich ticke.

Ich will noch einmal alles wagen, laufen, unter freiem Himmel sein, Herausforderungen meistern, und alle, denen ich das erzähle, sind begeistert. Lotti stellt bohrende Fragen, Franziska bittet um Videos, und halb Schweden möchte Infos. Meine Erfahrungen interessieren, und so komme ich auf die Idee, die Menschen mitzunehmen, in mein Leben nach Lappland und auf meine letzte große

Tour. Ich will ihnen zeigen, wie schön es ist, unter freiem Himmel zu leben, allein in Lappland, mit wunderbaren Tieren, und wie spannend es ist, fünf Monate für sich zu sein und nur zu laufen, laufen, laufen.

Als meine Planung für die zweite Hälfte 2021 steht, besuche ich eigens einen Online-Kurs, in dem ich lerne, Videos zu drehen. Anfangs bin ich skeptisch, ob mir das Freude machen wird, aber mit den ersten Erfolgen kommt der Spaß daran. Für mein Erstlingswerk, einen Film über Kiruna, werde ich von der Kursleiterin überschwänglich gelobt.

Parallel dazu bereite ich mich intensiv auf die Tour vor. Ich lese mich ein, schreibe viele Bekannte aus der Hiker-Szene an, lasse mir Tipps geben, worauf ich mich einlassen muss. Um fit zu werden, düse ich ein paar Wochen mit den Hunden durch Schweden. Dazu trainiere ich mich mit Joggen und Langlauf. Ich habe ja Arthrose im Knie, merke aber, dass ich mit Bewegung schmerzfreier bin.

Es bleibt allerdings lange spannend, weil eine Einreise in die USA im Moment gar nicht möglich ist. Der Tipp kommt schließlich von einem Freund. Via Mexiko kann ich einreisen, sofern ich zwei Wochen in dem mittelamerikanischen Land bleibe. Mein Drang, diese Tour zu machen, ist so groß, dass ich auch das auf mich nehme.

Los geht's im Frühling. Ich fliege in den Süden der USA und lasse mich von einem Freund zu dem berühmten Eingangspunkt des CDT bringen, zum Crazy Cook Monument.

»Wie lange planst du für die Tour?«, fragt er mich, als wir in seinem Pick-up über die Sandpiste zuckeln.

»Ich will im September ankommen.«

»Da läufst du aber durch alle Temperaturzonen!«
»Ich weiß, aber das ist ja der Reiz.«
»Hast du Zweifel, es nicht zu schaffen?«
Ich schüttele den Kopf. »Nein, ich bin unfassbar froh, dass es losgeht.«

* * *

»Hey ihr Lieben, ich bin Barbara und ich bin auf dem CDT. Wer mich noch nicht kennt, ich freue mich, dich begrüßen zu können.«
Mittlerweile bin ich seit drei Monaten unterwegs, und die Menschen auf meine Tour mitzunehmen, ist längst eine Selbstverständlichkeit geworden. Ich filme, schneide, spreche so unbekümmert, wie ich es mir nie erträumt hätte. Es macht mir Spaß, weil die Resonanz bombastisch ist. Ich bekomme so viele Zuschriften, dass es mich anspornt, weiterzumachen.
Heute übernachte ich wieder in der Wüste. Meine Beine sind längst im berühmten Flow. Sie laufen, ohne dass mein Kopf einen Befehl geben muss, und funktionieren wie ein Uhrwerk. Ich bin allein, in der Ferne schreit ein Kojote, vor zwei Wochen schlich noch ein Bär ums Zelt. Aber es ist schön, wunderschön, mit immer neuen, wertvollen Erfahrungen. Ich erlebe so viel, speichere so viele Bilder ab. Ich lerne Menschen kennen, die unfassbar nett und hilfsbereit sind. Gestern musste ich tagsüber ein Stück an einer Piste entlanglaufen. Plötzlich tauchte ein Truck auf, und der Fahrer stoppte, um mir gekühltes Wasser zu geben.
Aber die meiste Zeit bin ich allein. Ich liebe es, meinen Gedanken freien Lauf zu lassen, Vögel zu beobachten,

einfach in die Luft zu starren. Frei sein, unter freiem Himmel, das zählt.

Aber diese Tour wird in dieser Länge meine letzte sein. Dabei bleibe ich. Ich habe es sogar meinen Hunden versprochen. Künftig werde ich durch Lappland wandern, meine Heimat. Es gibt auch dort noch einiges zu erkunden. Ich bin immer weggelaufen, wenn ich nicht weiterwusste, habe Ruhe und Antworten auf der ganzen Welt gesucht und auch gefunden. Heute weiß ich, dass es um etwas ganz anderes geht, um das große Ganze. Das Alleinsein in der Natur, das Freisein von Dingen, das Verbundensein mit dem Leben, das kann man immer und überall finden, am besten dort, wo man gerade ist. Deshalb glaube ich, dass man aufhören muss, wenn es am schönsten ist, weil man sonst niemals ankommt.

AUSBLICK

Nach einem Abstecher bei meinen Eltern geht's für mich zurück nach Lappland. Ich nehme die Frühmaschine, und als sie in Kiruna aufsetzt, macht mein Herz einen richtigen Freudensprung.

»So fühlt es sich an, wenn man nach Hause kommt«, sage ich zu meiner Freundin Karina, die mich abholt und durch die Dunkelheit über die seit ein paar Tagen schon tief verschneite Straße nach Hause fährt.

Als ich aus dem Auto steige, heulen meine Hunde auf wie Kinder. Ich renne zum Zwinger, reiße das Türchen auf und gehe in einem Knäuel aus Fell, Beinen und hechelnden Mäulern zu Boden. Die ganze Meute fällt über mich her, und es ist ein einziger Tumult, ein Jaulen, Bellen, Winseln. Acht Huskys zeigen ihre Freude, ihre echte, wahre, einhundertprozentige Liebe, und ich kann vor lauter Durcheinander nicht mehr erkennen, wer wer ist.

Irgendwann werden die Tiere ruhiger und schmiegen sich sichtbar selig an mich. »Ich lasse dich nie wieder so lange allein«, flüstere ich Ori ins Ohr und bin mir sicher, dass er mich versteht. Dann spreche ich mit Luna und Raschka, mit Wini und Max, Lilli, Samu und Docker und drücke, herze, bekuschele alle abwechselnd, und längst laufen die Tränen, weil diese Tiere in ihrer Liebe so ungestüm und eindeutig sind.

»Ich bleibe jetzt bei euch. Ihr könnt euch auf mich verlassen«, versichere ich ihnen immer wieder und sehe ihnen dabei abwechselnd in die Augen, bis sie ruhig und zufrieden mit mir Richtung See trotten. Und dann stehe ich schon auf meinem Lieblingsplatz, dem Bootssteg, und blicke auf den See, der dank frischem Neuschnee kräftig eingezuckert wirkt. Meine Güte, ist das schön. Ich liebe dieses Land zu jeder Jahreszeit, denn es hat immer einen Reiz und eine ungeheure Kraft.

Ich brauche nur eine kurze Pause, um mich umzuziehen, dann gehe ich zum Schuppen, hole meinen Schlitten heraus und spanne die Tiere ein. Mit festem Griff umfasse ich den Lenker und rufe »Ready«. Ori legt sich mit ganzer Kraft in sein Geschirr, und mein Team setzt sich in Bewegung. Der Himmel ist mittlerweile saphirblau und wolkenlos und die Luft so klar, als sei sie gefiltert. Ich trage einen dicken Schneeanzug, eine Schneebrille und habe mir ein Tuch über die halbe Gesichtshälfte gezogen. Es ist Herbst, und die Landschaft wirkt vom ersten Schnee wie in Watte gehüllt. Vor mir breitet sich die Weite Lapplands aus. Meine Güte, wie habe ich das vermisst!

Kleine Hügel, gesäumt von dick eingeschneiten Tannen, sausen an mir vorbei. Ich fahre über Seen, die wie weiße Glitzerteller wirken, und nehme eine Anhöhe, hinter der die grenzenlose Weite Lapplands sichtbar wird. Ich höre das Keuchen meiner Hunde und das gleichmäßige Zischen meines Schlittens auf der bereits festgefahrenen Schneedecke. Trotz der Brille spüre ich die Eiskristalle an meinen Wimpern, dazu die eisige Luft, die in meine Wangen schneidet.

Ich bin allein. Alles ist still. Weit und breit ist niemand. Es gibt nur mich, die Tiere, die Natur. Es ist unfassbar schön.

»Schneller, schnell«, rufe ich, und die Hunde machen, was sie am liebsten tun: Sie rennen. Wie nach einer unsichtbaren Choreografie fliegen die Beine meiner Tiere in einem einheitlichen Rhythmus über den Schnee. Und da ist es, das pure Glücksgefühl. Ich habe keine Gruppe bei mir, keinen Partner, ich bin allein mit meinen Tieren und mit mir und meinem Glück und genieße die Fahrt aus ganzem Herzen, so, als sei sie meine erste. Ich habe lange gesucht, mir dabei ab und zu eine blutige Nase geholt, ich habe ausprobiert, mich treiben lassen, nach Lösungen Ausschau gehalten. Ich habe nach rechts und links gesehen, mir die Welt erobert, und habe die Natur und die Menschen noch besser kennengelernt. Meine Reiselust hat mich nahezu rund um den Globus gebracht, und sie hat mein Herz und meinen Kopf geöffnet. Ich habe viel gelernt, erlebt, erfahren. Nichts war umsonst. Es hat sich alles gelohnt. Denn heute weiß ich genau, was für mich zählt, was mir wichtig ist und was ich brauche, um ein dauerhaft glückliches Leben zu führen. Meine Familie, meine Tiere, meine Freunde, dieses Land. Ich bleibe hier, für immer. Dieses Land ist mehr als mein Basislager, es ist mein Leben.

»Allein sein zu müssen, ist schwer. Allein sein zu können, ist Glück!«

MIRIAM LANCEWOOD

IN DER WILDNIS BIN ICH FREI

MEIN LEBEN IN DEN WÄLDERN NEUSEELANDS

Mein Herz gleicht einem Fenster,
durch das die Freiheit weht.

Miriam Lancewood verkauft ihr Hab und Gut, kündigt Job und Wohnung, um mit Rucksack, Zelt und Proviant in die raue Bergwelt Neuseelands zu ziehen. Fernab der Zivilisation taucht sie ein in den Rhythmus der Jahreszeiten und lernt, inmitten der Wildnis zu überleben. So findet Miriam in der Einsamkeit nicht nur zu innerer Klarheit und Stärke, sondern auch ihren Platz in der Welt.

»Ein spannendes Leben, eine endlose Reise – und ein täglicher Überlebenskampf.«
www.brigitte.de

DIANA JOHANNSEN, PERCY JOHANNSEN

AUSSTEIGEN, EINSTEIGEN, LOS!

EINE FAMILIE TAUSCHT HAMSTERRAD GEGEN GROßE FREIHEIT

Was brauchen wir wirklich?, fragt sich Familie Johannsen und wagt das, wovon viele Menschen bloß träumen, nämlich: kurzerhand alles hinzuschmeißen und dem lästigen Alltagstrott samt Hamsterrad an Verpflichtungen zu entfliehen. Diana und Percy Johannsen und ihre drei Kinder geben alles auf: Jobs, Freunde, Familie und sogar ihren festen Wohnsitz, um in ihrem ausgebauten Mercedes-Bus um die Welt zu reisen.
Ein alternatives Leben in absoluter Freiheit erwartet sie!

Die wahre Geschichte einer Familie, die sich von starren Normen und dem allgegenwärtigen Leistungsdruck befreit, um ein Leben zu führen, das zu ihnen passt. Eine abenteuerliche, inspirierende Suche nach persönlicher Freiheit und wahrer Erfüllung.